Flo Schoemer

**Ich stricke am Rockzipfel
meines Lebens**

D1665636

Flo Schoemer

Ich stricke am Rockzipfel meines Lebens

Artworks: James Devereux

Projekte-
Verlag
Cornelius GmbH

Impressum

© Projekte-Verlag Cornelius GmbH, Halle 2006 • www.projekte-verlag.de
Mitglied im Börsenverein des Deutschen Buchhandels

Satz und Druck: Buchfabrik Halle • www.buchfabrik-halle.de

Umschlaggestaltung und Bilder:Artworks: James Devereux
                              For information or prints please contact:
                              devo_art@hotmail.com
                              Copyright: www.devoart.big-brainz.com

ISBN   978-3-86634-084-8
Preis: 9,80 EURO

Es hängt alles irgendwie zusammen.
Sie können sich am Hintern ein Haar ausreißen,
dann tränt das Auge.

— Dettmar Cramer —

Inhaltsverzeichnis

KHOR und die Enzyklopädie der Welt

Im Jahre 147 v. Chr. bezeugen Überlieferungen die erste namentliche Erwähnung Khors als altehrwürdigen Priester in der ägyptischen Mythologie.

Khor wurde beinahe wie eine Gottheit verehrt, damals. Er genoss seinen Kultstatus und rekelte sich zu Kaviar an Krokodilstränen in seinem Alabasterthron, behangen mit den Fellen von Königstigern und den Häuten von Schlangen.

Es war in der Historie immer so gewesen, dass die Hochkulturen der Dekadenz anheim fielen; die USA sind dabei die bemitleidenswerteste Ausnahme. Sie haben den Schritt der Kultur, der zwischen Barbarei und Dekadenz liegt, einfach ausgelassen, um eine barbarisch-dekadente Mischform zu etablieren.

Zu Zeiten Khors hatte jedenfalls das ägyptische Reich seinen Zenit bereits überschritten und stand kurz vor der Übernahme durch die Römer.

Wir Menschen von heute haben keine Ahnung davon, was mit der ägyptischen Mythologie noch alles ausstarb. Was mit Khor alles ausstarb.

Khor war der renommierteste Traumdeuter aller verstrichenen Jahrtausende gewesen. Seine exakten Deutungen und Vorhersagen machten ihn zur sagenumwobensten und schillerndsten Gestalt seit Tut-Ench-Amun, der ebenfalls als Gott verehrt wurde.

In unsere moderne Welt übersetzt wäre Khor Star-Psychoanalytiker, Bono, Friedrich Nietzsche und Carlos Castaneda in einem.

Es hatte viel später wiederum herausragende Seher und Traumdeuter gegeben, wie zum Beispiel Haruspex, einen Etrusker, der aus faulenden Eingeweiden las, oder Nostradamus.

Die Klasse, die Macht und das Verständnis für das Umfassende dieser Welt blieb ihnen jedoch verborgen, weil es mit Khor gestorben war.

Khor ist und bleibt unangefochten. Er las in seinen Träumen wie in der Enzyklopädie der Welt. Egal, was war oder kommen würde, Khor wusste Bescheid.

Als ihn der Stadthalter Alexandrias einmal fragte, was aus den Rebellen Zentral- und Westafrikas werden würde, blickte Khor in seinen Träumen in einen einarmigen Banditen, dessen Zahlenkombination bei 1 – 4 – 9 – 1 stehen blieb.

„Im Jahre 1491", sagte er schließlich, „wird König Nzinga Nkuwu von Kongo Monotheist, genauer, Christ und nennt sich Joao I. Die Christianisierung wird unter Zusammenarbeit mit den Portugiesen vorangetrieben werden und Ägypten fällt 1517 unter türkische Oberrrschaft."

Um das zu verhindern, begannen die Ägypter nun, ihre Opfergaben an ihre tausendundeins Götter vehement zu intensivieren. Khor riet ihnen, Ibisse, diese grazilen schillernden Vögel, zu töten und als Grabbeigaben zu verwenden. Dies tat er jedoch nicht ohne Grund: Als er einmal so zum Spaß ins Jahr 1998 n. Chr. blickte, entdeckte er die Marktwirtschaft und den Kapitalismus. Ihm wurde mit einem Mal bewusst, dass die Welt hoffnungslos verloren war und er verwendete fortan den Künstlernamen Bill Gates.

Also beschloss er, unter marktwirtschaftlichen Gesichtspunkten seinen materiellen Profit zu steigern und begann in großem Stil, Ibisse zu züchten, um eventuell in einigen Jahren eine Aktiengesellschaft zu gründen. Als Luxusvariante der Grabbeigabe propagierte er Falken, die unter keinen Umständen in Gefangenschaft zu züchten und deswegen immens teuer waren.

Seine Geschäfte florierten. Im Jahre 125 v. Chr. wurden allein in der Grabkammer des Gottes Seraphin 35 Millionen Ibisse und 8 Millionen tote Falken gezählt. Ganz zu schweigen von dem anderen Viehzeug, das die Mittellosen aus Angst vor Rache der Götter dort hineingeworfen hatten.

Das Geschäft mit der Angst vor Rache der Götter wurde ein Wachstumsmarkt, und als die Falken ausgestorben waren, verkaufte Khor mumifizierte Äste, die in der Form von Falken angebracht waren, für 2,50 das Stück.

Khor wurde zum ersten Milliardär der Welt, und er sicherte sich dank seines visionären Weitblicks die Rechte an Mond und Venus, die vor Ölreserven nur so strotzten.

Da sich Khor aufgrund seiner einmaligen Fähigkeiten sicher sein konnte, falls er überhaupt starb, sofort reinkarniert zu werden, scherte ihn die Welt fortan einen Dreck.

Sein Denken kreiste nur noch um Wachstum und Märkte, um Profit und den kurz bevorstehenden Börsengang. Als alle Vögel und sonstigen Tiere Afrikas im Begriff waren auszusterben, importierte er Nubier aus dem heutigen Sudan und verkaufte sie gewinnbringend als Sarotti-Mohren.

Eines Tages, ganz unvermittelt, erstickte Khor unter der Last seiner Tigerfelle und Edelsteinketten und mit ihm starb der Traum von einer guten Welt.

Ich stricke am Rockzipfel meines Lebens

Ich danke Lu für ihren Körper, und während es draußen und zwischen ihren Brüsten langsam Tag wird, färbt sich der Himmel über Aranbol sandweich und der Fluss gelb und da wird mir wieder bewusst, dass ich Bauchschmerzen haben müsste. Ich gehe duschen und danke Lu für ihren Geist, ihre, das heißt meine Muse und gehe im Kopf alles der Reihe nach durch, ziehe mir anschließend ein T-Shirt über und frische Hosen an. Magenschmerzen pulsieren und der stramme schwarze Kaffee macht es nicht besser. Ich ordne die Manuskripte auf dem Bett, auf der noch immer schlafenden Lu, die sich gedreht hat, sodass ihr winziger Fuß an einem angewinkelten nackten Schenkel direkt auf der Bettkante liegt.

Die Lektorin geht nicht an ihr Handy, vielmehr ist die Nummer nicht vergeben. Ich lasse mich jetzt, so kurz vorher, aber nicht mehr stressen, sammle die Manuskripte wieder ein, verlasse das Zimmer und gehe in die plüschige Lobby, die eine Aura hat wie der Magen eines Pottwals und sinke in einen Sessel mit ausladenden Ohren, die sich an meine schmiegen, als ich mich zurücklehne.

Es ist noch niemand zu sehen und ich breite die zerknitterten Manuskripte kreisförmig vor mir auf dem Boden aus. Fein säuberlich in Buchstabenketten aufgereiht erstreckt sich darauf mein Katalog der Fragen und ich antworte dem Pagen auf die Frage nach dem Chaos: „I'm writing a kind of book."

„Es wird ein Katalog der Fragen, die ich an echte Menschen, das heißt an solche, die so echt sind, dass sie sich einen Bruch in ihrem Charakter leisten können und nicht durch eine Gala der Glamourwelt verbrannt sind, richten möchte", erkläre ich ihm wie ein Spitzen-Manager die Entlassung seiner Belegschaft bei steigenden eigenen Bezügen.

„Heute werde ich dazu Osama Bin Laden, den Sohn von Bob Marley, Madame Curie und Joschka Fischer interviewen, den Madeleine Albright einmal als den interessantesten Menschen, den sie je getroffen habe, bezeichnete. Karl Lagerfeld, Hans Söllner und Eddie the Eagle hatte ich gestern. Da müssen wir nur noch Fotos machen."

Der borniert Page, jetzt, da in Bewegung, ein laufender Meter, geht weiter, verkündet von oben herab und mit spitzer Zunge, dass Madame Currié hier im Pampelmo Oriental vor 124 Jahren gestorben sei.

„Ich weiß, mit den Frauen ist es etwas schwierig. Die, die mich interessieren, sind alle tot. Was halten Sie von Catherine Deneuve, Iris Berben, Madeleine Albright, Marilyn Manson?"

Ich warte auf meine Interviewpartner, bekomme beim Gedanken daran wieder Bauchweh und der Page reicht mir Kamillentee, als ich mich zu fragen beginne, ob ich nicht lieber zuerst David Fincher, Matt Groening oder den Kalifen von Köln hätte wählen sollen. Oder Silvio Berlusconi, Reinhold Messner, den Yeti, den Dalai Lama oder die Huber-Buam.

Als drei Stunden später immer noch keiner da ist, rufe ich beim Mossad an, ob die wüssten, wo Osama steckt und ob vielleicht stattdessen Izak Rabin Zeit hätte.

„Ach stimmt, der ist ja tot. Und sein Mörder, dieser orthodoxe Jude? Der wär interessant. – Nein, danke, der neue Premier, der militante Sack interessiert mich nicht."

Selbst der Mossad konnte mir nicht weiterhelfen. Ein gewagtes und sehr, sehr schwieriges Buchprojekt hatte ich da angefangen. Und einen Katalog an Fragen vorbereitet, der sich wahrlich sehen lassen konnte und sich in mehreren vor mir liegenden Haufen verdichtete.

Als nach abermals einer verstrichenen Stunde nicht ein einziger Interviewpartner erschienen war – das Telefon der Lektorin war wie gesagt tot – beschloss ich, den bornierten Pagen, der seinen Schichtdienst beendet hatte, als Dummy einzusetzen.

Lu war mittlerweile auch schon wach und bereit, den Part von Iris Berben zu übernehmen, wenn sie auch Marie Curie sprechen dürfe. Der Page bestand auf Falco, für den ich leider keine Fragen vorbereitet hatte und den Prototyp des Fußballprolls George Best.

„Herr Best", beginne ich, begleitet von einer Geste, die den Schäferzug auf einem Schachfeld einleiten würde, „ich glaube Sie haben den markigen Spruch geprägt, dass Sie einen Teil ihres Geldes für Weiber, Autos und Alkohol ausgegeben haben, den anderen Teil haben Sie verprasst. Wie genau sah das aus?"

„Ganz gut, soweit ich mich erinnere. Ein Großteil davon, wir sprechen hier von einem Vermögen im neunstelligen Bereich, ließ ich in Spielcasinos, einarmigen Banditen; hatte ich die Frauen schon erwähnt? – Übrigens, ich hab aufgehört zu trinken, aber nur wenn ich schlafe."

„Ja, das haben Sie. Aber George, was würden Sie sagen, wenn Sie mit dem legendären Maradona zusammen in einem Seniorenteam, trainiert von Christoph Daum – ach, nur ganz kurz, Herr Daum: Wie geht's eigentlich Herrn Professor Käferstein und ihrer Haarprobe, haben Sie was von Schill gehört, den wollt ich auch noch interviewen? – Sorry George, also, was würden Sie sagen, wenn Sie mit dem legendären Maradona zusammen in einem Seniorenteam, trainiert von Christoph Daum für Kuba am Confederations-Cup teilnehmen dürften?"

– „Ich hab kein Geld und du hast kein Geld, wer hat den Mann mit dem Koks bestellt?"

„Falco!", brülle ich scharf, wie ein vulgäres Schimpfwort und fahre dem Vorlauten über den Mund, wische ihm noch Brösel von Milchsemmeln aus den Winkeln, entschuldige mich augenrollend bei Frau Curie für die Entgleisung.

„Madame Curie, schon einmal vielen Dank, dass Sie sich in Ihrem hohen Alter hierher bemüht haben, wirklich eine Leistung. Genau wie der Rest Ihres Lebens. Mit 15 Jahren haben Sie das Gymnasium mit Auszeichnung abgeschlossen, anschließend demonstrativ alle Bücher, die Sie aufgrund Ihrer Auszeichnung erhalten hatten, aus Protest gegen die russische Vorherrschaft verbrannt und trotzdem weiter dazugelernt. Haben Sie gewusst, dass Sie mit Linus Pauling zusammen die beiden einzigen Menschen sind, die einen Nobelpreis auf mehr als einem Gebiet erhalten haben?"
„Nein, wusste ich nicht, denn wie Sie vielleicht wissen", sagt sie mit leuchtenden Augen unter einer Frisur einer polnischen Wanderheuschrecke, „litt ich an perniziöser Anämie wegen dem Umgang mit radioaktiven Stoffen. Ich weiß nur sicher, dass ich nachts leuchte und meine Originalaufzeichnungen noch immer radioaktiv kontaminiert sind und von der Bibliothek nicht verliehen werden."
Falco staunt mit offenem Mund Vokale, ruft begeistert: „Amadeus!"
– „Herr Falco", locke ich jetzt den gegelten Superstar aus der Reserve, „gehe ich recht in der Annahme, dass Sie in Wirklichkeit gar nicht gestorben sind, sondern zusammen mit Jeannie und Lady Di unerkannt auf einer Südseeinsel hausen?"
– „Bist deppad? Du wähst, i bin Österrächa und woar dem Schnöö scho imma sea vabund'n!"
– „Frau Berben, schön, dass Sie da sind, aber, tut mir Leid, ich will Sie nicht interviewen. Könnten Sie sich bitte einfach vorstellen, Michel Friedman zu sein? – Das dürfte Ihnen ja nicht so schwer fallen. Also, Frau Friedman, für wen haben Sie sich gehalten, als sie im Bordell mit zahlreichen Damen erwischt wurden?

Nein! Das interessiert mich eigentlich gar nicht. Entschuldigung vielmals, Herr Friedman, stellen Sie sich doch einfach vor, Sie wären Albert Einstein, oder Nikola Tesla. Was würden Sie mit einem Intellekt von solcher Qualität anstellen, hm? Ist das alles ...? Betreten ... schweigen?
Aber Herr Tesla, wenn ich Sie schon mal da hab, so sagen Sie doch bitte, ist es nicht frustrierend, auf einem riesigen Schuldenberg sitzend über 700 Patente zu halten, den Wechselstrom, 1898 die erste Fernsteuerung und das Radio erfunden zu haben und noch vor Röntgen mit den nach ihm benannten Strahlen experimentiert zu haben, ohne finanziell bedacht worden zu sein oder wenigstens angemessene Erwähnung in Lehrbüchern zu finden?"
„Na ja", kratzt sich Tesla verwundert, als ob er noch nicht darüber nachgedacht hätte.
„Nicht in den Lehrbüchern? – Immerhin wird seit 1885 der elektrische Stuhl mit meinem Wechselstrom betrieben und ich kann Edisons Glühbirne in meiner Hand leuchten lassen."

Ich war gut gestartet. Das Tonband schneidet unerbittlich mit, hinterlässt Botschaften auf seinen Spuren, während ich ganz frisch meinen Katalog abarbeite, auf eine neue Fährte komme: „Herr Zidane, schön, dass auch Sie etwas Zeit gefunden haben. Wie geht's dem Fuß? – Sie gelten ja als der beste lebende Fußballer, spielen, als Sohn algerischer Einwanderer, für die französische Nationalmannschaft. Zizu, ist also ihr kongeniales Fußballspiel als muslimischer Vertreter in einer christlichen Welt der Terror gegen die Mittelmäßigkeit, den Herr Mottassadeq als Planungsstratege für El-Kaida um die Welt spannt?
Sie brauchen hier nichts sagen, was gegen Sie verwendet werden könnte, Zinedine.
– Aber von Ihnen, Frau Lara, ... würde ich noch gerne ..."

In einer souveränen Geste unterbreche ich abrupt, um in dem Haufen an Fragen, die sich türmen und mich umgeben und wie statische Phänomene in Eigenregie ihre Last auspendeln, ohne zu fallen, nach den richtigen für Alexandra Maria zu suchen.

„Ja, Frau Lara, Sie gelten als Deutschlands einzige Schauspielerin. Nein, Entschuldigung, als einzig gute, nein, vielmehr als größtes Talent. Wie bereiten Sie sich denn auf ihre Rollen vor? Sie spielen ja so authentisch, dass man annehmen muss, sie versetzen sich geistig wirklich in diese Personen. Ist es da nicht nahe liegend, dass, würde man ein Psychogramm über sie erstellen, herauskommt, dass sie schizophren, also gespalten, oder gleichsam eine multiple Persönlichkeit sind, mit all den Rollen, und dass sie, anstatt auf die Bühne besser auf ein Sofa gehörten?"

Ich höre, falls sie überhaupt antwortet, nichts. Mein Blick hat sich in ihrem Dekolleté verfangen.

Ich danke Lu für ihren Körper, und während es draußen und zwischen ihren Brüsten langsam Abend wird, färbt sich der Himmel über Aranbol glutrot und der Fluss grün und da wird mir wieder bewusst, dass ich es geschafft habe.

„Cut, Cut, Cut!", rufe ich, stoppe selbst das Tonband und klatsche in die klammen Hände.

„Wonderful, wonderful, I love it!", schüttle ich den Pagen und drehe ihn Richtung Küche. „Champagner! Schnell! Super, jetzt muss ich das nur noch an die Agentur faxen, Fotos machen und morgen kommen Björn Engholm, Pater Anselm und Ivar Kreuger, der Zündholzkönig und Rockefeller für Arme."

Ich sitze noch immer gebannt im Sessel, im Magen eines Pottwals und habe den Faden verloren. Die Haufen stehen um mich herum, um mich zum Scheitern zu verurteilen.

Ich habe den Faden verloren, mit dem meine Patchwork-Persönlichkeit am Rockzipfel meines Lebens strickt.

Kyoto liebt uns nicht mehr

Die Aufzugtüren öffnen sich wie von Geisterhand und ich trete in die neonbeleuchtete Tiefgarage des Hikikomoro-Centers. Die wuselige Hotelmaus trägt mir klimpernd die Schlüssel hinterher, die ich oben bewusst vergessen hatte. Sie übergibt sie mir, loyal und freundlich, wie asiatische Hotelmäuse sind, mit einer Visitenkarte für das beste >Running Sushi In Town<, anstatt ihrer eigenen.

Sie ist zu überdeterminiert, um auf mein Angebot einzugehen. Trotzdem danke ich ihr europäisch gelassen und unterkühlt für die Schlüssel, gebe ihr als Tipp etwas Käse und versuche, die Fernbedienung drückend, den richtigen Wagen auszumachen, während sie zurück in ihr graues Loch huscht. Endlich zwinkert mir der Lexus mit Perleffektlackierung zweimal zu und entriegelt sich selbsttätig. Meinen Daumen lege ich auf den Screen und beobachte die Iris meines rechten Auges, die sich weitet und wieder verjüngt, während ich versuche, nicht zu blinzeln.

Der Lexus springt an, macht sich Licht, wählt sich ins Netz und hechelt aus dem Untergeschoss der Erdoberfläche entgegen, wie einst mein Hund Randy kurz vor dem Gassi gehen, bevor er an einem kosmologischen Schock verstorben war.

Ich stochere auf dem Touch-Screen, der per Laser auf die Windschutzscheibe projiziert ist, wie der Suppenkaspar in seinem Essen, um die Stimme des Navi von Japanisch auf Englisch zu stellen. Nicht einfach bei all den Hieroglyphen, und als ich aus der Garage biege, blicke ich durch eine Art Milchglasscheibe aus fettigen Fingerabdrücken: >CAUTION! THERE IS A TERRORIST BEHIND EVERY BUSH!<, wird mahnend auf der Lichtschranke eingeblendet, die mich passieren lässt.

Es ist ein schöner Tag. Die Sonne blickt tief durchs Ozonloch und ihre hitzigen Strahlen werden durch den Smog noch gemildert. Am Horizont ergießt sich saurer Regen auf die süßen Vorstädte und hinterlässt drollige Schlieren zwischen den Wolkenschichten. Es riecht wie immer nach Schwefel, Kohlenmonoxid und transpirierender Überbevölkerung. Der Lexus macht ein Foto und schickt es per Mail an Jidda in Shanghai, bevor wir die überdachte Peripherie erreichen, uns gen Osten auf die Schnellstraße einfädeln und ich das Zuluftsystem verschließe, um nicht zu ersticken. Ich zögere das Unvermeidliche hinaus, ohne einen Grund dafür zu haben.

„Selbsterhaltung ist ein befremdlicher Trieb", diktiere ich dem Lexus. „Man handelt intuitiv für das Leben und kämpft gegen den Tod. Oder man handelt intuitiv für den Kapitalismus und kämpft gegen sein schlechtes Gewissen. Das hätten wir mal im Großen, im Kollektiv tun sollen. Warum hat es da nicht funktioniert?"

Die Karosse meint es gut mit mir, beginnt mich zu massieren, legt meine Lieblingsmusik >Back in the Box< auf und brüht italienischen Kaffee, der meine Sinne schärft und alles schlimmer macht. Wir fahren heraus aus dem überdachten zehnspurigen Asphaltdschungel, hinein in eine Apokalypse. Jetzt brennt die Sonne auf den Lack – es hat 52 Grad/100 Prozent Luftfeuchtigkeit – und kein Erbarmen.

Der Lexus schnauft, um mittels einer eigens dafür vorgesehenen Anlage das Klima zu kontrollieren. Leider kann er das nur im Kleinen, der Lexus, und nicht wirklich. Er heißt nur Lexus, nicht Bush, UN oder sonst wie.

Während ich mich auf 19 Grad konserviere, huschen wir an den netten Hügeln vorbei, die Kyoto umgeben und in deren Mulden sich die Stadt schmiegt wie ein Nest in eine Baumkrone. Auf diesen Hügeln liegen die Klöster. Die heiligen Stätten. Das spirituelle Zentrum Japans und der Ursprung des Zen-Buddhismus, weil Geistiges auf dieser Welt auch einmal Wert hatte, wenn auch nur einen ideellen.

Ich seufze, atme in winzigen Stößen Luft durch die Nase ab und denke, dass mein Gehirn das Gleiche macht mit diesen unauflöslichen Gedanken.

„Es denkt in winzigen Stößen, sodass man sich nicht wirklich wehtun kann und scheidet sie dann aus", lasse ich den Lexus wissen.

Ich muss mich konzentrieren, der Wagen summt eindringlich und das Lenkrad vibriert. Meine gewählte Route wird vom Navi beanstandet. Ich muss doch durch die Berge, denn das Hochwasser, das das Meer über den Fluss bis in den Biwa-See drückt, ist noch nicht abgepumpt.

„Nur tote Fische schwimmen mit dem Strom", diktiere ich dem Lexus wie ein Agrarwissenschaftler ein beobachtetes Massensterben.

„Nur tote Fische schwimmen mit dem Strom!"

Ich muss also durchs Gebirge, durch die Tempelstädte und bin froh, mit Wasserstoff zu fahren, denn die Ökoterroristen würden mich zu Recht ermorden. Ich stelle auf Auto-Pilot und wir rollen auf den Pass zu, der über die Berge in Richtung Kobe ans Meer führt.

Kobe wollte ich noch einmal sehen, bevor es gänzlich versinkt. Ich würde ein Foto für Jidda machen und es nach Shanghai mailen, denke ich, als diese zwei mit Bogen bewaffneten Schützen nicht von der Fahrbahn weichen. Ich bremse intuitiv. Wie in Stein gemeißelt stehen sie da, ruhigen Blicks mit Zwirbelbärten und schwarzer Kampfsportbekleidung. Ich könnte sie überfahren und genau das war das Dilemma; ihnen wäre es egal. Sie würden einfach stehen bleiben und nicht einmal feuern. Sie sind keine Amerikaner und haben keine Uranummantelung, sondern sind zen-buddhistische Mönche mit Pfeil und Bogen. Zen und die Kunst des Bogenschießens gegen Amerika, die ganze westliche Welt mit ihren Interessen! Das Streben nach geistiger Perfektion und Vollkommenheit gegen weltliche Korruption, Machtmissbrauch und unerschütterliche Ignoranz.

„Mein Name ist Schoemer. Flo Schoemer. Ich fahre mit Wasserstoff aus Algenaufspaltung und bin im Auftrag der Welt unterwegs", sage ich durch die Sprechanlage in gänzlich ungerührte Gesichter. Wie kann man in so einer Welt nur so ungerührt sein? Die beiden verziehen keine Miene, wirken klar wie Kloßbrühe. Ich nehme an, sie hoffen ich würde sie überfahren, denn sie zielen, ihre Bögen gespannt, weiter auf meinen Kopf hinter Panzerglas und sind dabei selbst völlig ungeschützt.

Wir zögern das Unvermeidliche hinaus, ohne einen Grund dafür zu haben. Selbsterhaltung ist ein befremdlicher Trieb. Man handelt intuitiv nach Machtkriterien. Man will die Macht über sich, sein Leben und andere. Oder man will nichts. Man ist ohnmächtig und will lieber das Nichts, als nicht zu wollen.

Die Mönche verneigen sich artig und sind mit einer gesprungenen Rolle rückwärts so schnell weg, wie sie zuvor erschienen waren.

„Zum ersten Mal spürte ich das Nichts, den Tod, die Ohnmacht", sage ich zu Lexus. „Ich bin bei Bewusstsein ohnmächtig geworden."

Wir fahren weiter. Vorbei an meinem Termin, wegen dem ich eigentlich ins Auto gestiegen war, vorbei am Strom mit leblos treibenden Fischen direkt nach Kobe, das mich an das frühe Hiroschima erinnert.

Der Lexus macht ein stimmungshaltiges Foto.

Die blutige Sonne hängt wie angeschossen zwischen den Türmen einer Oberflächenwellenfilterfabrik und verendet taumelnd im Meer. Der Himmel wäscht seine gräulichen Wolken in Unschuld und beginnt dollargroße Tränen zu weinen, die wie ein Bombenteppich aus Träumen auf der Erde zerplatzen. Ich schicke das Foto mit Textanhang nach Shanghai:

„Liebe Jidda,

ich gebe zu Protokoll: Kyoto liebt uns nicht mehr. Wir leben in unserer eigenen Hölle, aber haben sie uns hübsch ausgepolstert. Den evolutionären Schritt von den Bäumen herunter hinein ins Auto hätten wir uns sparen sollen. Wir wären besser nicht einmal aus der Ursuppe gekrochen.

Gute Nacht, mein Schatz."

DADA in Swasiland

Wir waren gerade dabei, die Dritte Internationale Dada-Ausstellung zu organisieren. Die erste hatte vor Ewigkeiten in Berlin stattgefunden, die zweite hatte T. C. Boyle irgendwo mit seinem statischen Steckenpferd abgehalten. Wir fanden, die dritte war überfällig.

Also machte ich mich auf nach Swasiland, während Arthur dabei war, den Hund von Francis Picabia zu exhumieren. Klar waren wir stolz darauf, den kleinen Vierbeiner namens Zizi de Dada als Line-Up begrüßen zu dürfen. Schließlich sollte er mittels Bauchredner die Ausstellung eröffnen und durch sie führen. Die Stimme wäre die von Man Rays Sohn, der diese freundlicherweise zur Verfügung zu stellen gedachte und der >Der homosexuelle Roboter mit Starallüren< beizusteuern bereit war.

Tyler goss eine Reproduktion eines Flaschentrockners von 1914 in Blei, Lucie betrachtete sich ihr cacodylisches Auge und Richard schrieb Aphorismen ohne Titel:

Und während ich Sternenheld
Für die Rache deines Rasenmähers
Unsere Socken stricken sich ihr Purpur,
Und während wir, Verächter und Hosenmatz,
Deiner Ungeduld
Und deiner Exzentrik folgen
Unsere Kloaken sich zersetzen, wider besseren Wissens,
Münden in ein Unterleibsfinale.

„Kunst ist kein Spiegel, sie ist ein Hammer! Jeder große Künstler sieht Sinn in der Provokation", sage ich meinem Sitznachbarn beim Zwischenstop in Absurdistán.

„Nur Langweiler sehen das Schöne im Schönen! Das Komische entsteht, wenn man etwas Lebendiges mit etwas Mechanischem inkrustiert."

Schlingensief nickt verständnisvoll wissend, fliegt gleich mit nach Mbabane.

Die Delegation um König Phallutah verbeugt sich artig am Flughafen, Renata Borgatti schüttelt ihr Haar. An ihrem linken Ohr hängt ein Thermometer. Es hat 38 Grad im Halbschatten. Ich betrachte ihr rechtes Ohr, da ich mich für die Luftfeuchtigkeit interessiere, während ich dazu übergehe, beiläufig Tristan Tzaras Dada-Autorisierung zu rezitieren: „DADA schafft die Nuancen ab; Nuancen kommen nicht in der Sprache vor, nur in einigen atrophierten Hirnen, deren Zellen verstopft sind. DADA ist eine Creme gegen Nuancen. Die einfachen Bewegungen, die als Zeichen für Taubstumme dienen, reichen völlig aus, die vier oder fünf Geheimnisse zu formulieren, die wir in den letzten sieben- achttausend Jahren entdeckt haben."

König Phallutah und seine Leute sehen mich verdutzt an und ein Abgesandter der Delegation bricht schließlich das Eis: „Mein Name ist Hase. Angst Hase und ich würde gerne wissen, welche Reaktion die Welt auf diese Ausstellung zeigen wird." Er kratzt sich wie ein Taliban, verschränkt die Arme hinter seinem massigen Beinkleid aus Angora und wartet.

„Der Welt ist das egal", fällt ihm Schlingensief ins Wort, der die Organisation an sich reißt.

„Das ist schließlich Kunst. Wo ich bin, ist Kunst. Es ist höchstens eine Anleitung zur Verdauung von Hirngespinsten", wirft er ein und grätscht sich ins Seitenaus, als erste Werke übers Gepäckförderband rollen.

Das Optophon wird noch für eine Zielscheibe gehalten, von den Leibwächtern König Phallutahs durchsiebt und später als Hommage an >La Nuit Espagnole< von 1922 umfunktioniert. Aber ein Erratum Musical, rotierende Glasplatten,

Duchamps Urinsteine, Gemälde eines blinden Sehers aus Menstruationsblut und Vollmond-Kot, technische Zeichnungen eines Phantasticums von Stieglitz, zertrümmerte Hoden mit der Aufschrift >fragile< oder ein altes Dampfbügeleisen des 19. Jahrhunderts mit eingearbeiteten Reißzwecken ließen den großen König Phallutah als Reinkarnation Walter Conrad Arensbergs auftreten, der sagte:
„Die echten Werke DADAs dürfen höchstens sechs Stunden leben."

Werbung fressen Seele auf

Es ist 8.30 Uhr, als ich die Streichhölzer aus meinen Augenwinkeln nehme, die Schreibtischschublade öffne, die Hämorrhoidensalbe zücke und dick auf meine schwarz unterlaufenen Augen auftrage. Schlaf ist lediglich ein subjektives Empfinden, die Kampagne ist fertig und ich ein Hero. Die Praktikantin legt mir den Anzug zur Präsentation bereit und eine dicke Linie. Danach fühle ich mich besser, packe sie vornüber auf den Tisch, während ich mich trocken rasiere und die Headlines noch einmal durchgehe. Dann stolziere ich souverän und entspannt, mit einer Latte Macchiato aus Sojamilch mit Zimtgeschmack ins Meeting im stylischen Glaskonfi, setze meine Gucci-Brille auf und knalle Creative Director und Kontakter die Ergebnisse um die Ohren, die wir gleich verkaufen werden. Ich bin zwanzig Minuten zu spät, unterbinde einen möglichen Anpfiff aber cool, indem ich auf meine Rolex tippe und sage: „Hi Jungs, ich hab fünf Minuten für euch!"
– „Spitzenjob, ideale Umsetzung fürs Image, schön emotional und doch so klar", fasst der Kreativdirektor meine Arbeit zusammen und ich kriege eine Latte. Mann, sind wir kreativ. Wir scheffeln Geld aus dem Nichts, verwandeln Wasser in Wein, um uns dann an der Tatsache zu berauschen. „Prösterchen!", klirren die Proseccogläser, bevor wir mit einem Zug exen.
Ich zupfe mein zartrosafarbenes Hemd glatt, streiche etwas Pomade nach, um meinen Scheitel erhabener wirken zu lassen und schüttle die Hand des Chefs in der halb geöffneten Tür, wobei unsere Rolex-Uhren mechanisch klimpernd Töne produzieren. „Super Hip! Just wonderful!", brülle ich durch die Tür, damit die Graphiker vor ihren MACs im Vorzimmer wissen, wer hier die Hosen an hat. Ich habe noch dreizehn Minuten Zeit und schlendere mit lauten, exakten Schritten, die meine Unantastbarkeit untermalen, in die Lounge, die in einer norma-

len Firma eine schnöde Kantine wäre, ohne Style, ohne Glamour und ohne hippe Girls. Ich grüße im Vorbeigehen mit Victory-Zeichen in die Webcam, falls meine Freundin reinkuckt, die mich seit drei Tagen nicht mehr gesehen hat.

Ich bestelle einen „Espresso doppio", ein Evian mit Mangogeschmack und einen vegetarischen Wrap bei der rattenscharfen Soraya. Soraya ist hier in der Agentur wie ein Senftöpfchen: Jeder darf mal sein Würstchen eintauchen; nur so als kleiner Snack.

Ich verzehre mein Frühstück schnell und im Stehen und flirte mit den jungen, bezaubernden Praktikantinnen, die Flip-Flops tragen und kurze luftige Röckchen, als ob dies ein Zeichen der Zugehörigkeit zu unserer geheimen Loge wäre.

– „Hey Visionario", – so nennen sie mich hier in der Agentur –, „hey Visionario, ich hab 'ne neue Braut, kuck mal hier auf dem Screen. Die kleine Maus aus der 5. Unit. Geile Sau, oder?", ereifert sich ein völlig überbewerteter Nachwuchskreativer.

– „Alter, geil is die schon, aber nicht mehr neu. Die Frau ist schon gebraucht und die zarteste Versuchung, seit es Silikon gibt", zwinkere ich ihm vielsagend zu, als mein Telefon mit „no time for losers" klingelt.

Meine Assistentin, die gerade vom Termin aus Cannes kommt, hat Verspätung und erklärt mir, dass die Kunden in Konfi 3 auf mich warten würden. Als Zeichen der Genugtuung gähne ich herzhaft und bestelle einen getarnten Prosecco mit O-Saft, bevor ich zuerst die Praktikantin ins Konfi zitiere, um dann, äußerst gestresst wirkend, selbst zu erscheinen. Ich schüttle schwitzige Hände, bitte sie, sich zu setzen, einen Keks zu nehmen und schiebe meine Gucci in die Stirn. Die Kunden sind vom Marketing der Stadtwerke und äußerst gewöhnliche Leute. Kein Geschmack, bieder, verklemmt und alles andere als kreativ. Denen würde ich jeden Scheiß verkaufen, wenn das Konzept, das ich per Powerpoint über den Beamer streamen lassen wollte, nicht meine Assistentin hätte. Aber ich bleibe cool, habe alles im Griff und fange als smarter Werbetexter an zu texten. Irgendwie verliere ich dann doch die Kontrolle, weiß nicht, was ich will und rappe wie ein Hip-Hopper.

>Erleben Sie diesen Monat die Preishalbierung. Alles muss raus für sensationelle 4,99. Machen Sie jetzt den Vorsorgecheck, denn vorsorgen ist besser als nachsorgen. Lassen Sie sich begeistern. Drei, zwei, eins, keins. Genieße den Geschmack der Wildnis. Fühl dich frei. Du schmeckst es doch auch. Hör nicht auf die Stimmen. Sichern Sie sich Ihren persönlichen Digitalreceiver. Du willst es doch auch. Du brauchst es. Es geht auch einfacher. Wir schützen, was gut ist. EasyCredit für EasyPeople. Wir stellen Ihr Team. Erfolg ist das Implementieren der richtigen Voraussetzungen. Wir machen alles. Günstiger, schneller, höher, weiter, mehr, mehr, mehr. Verschlafen Sie nicht Ihren Profit. Hörst du den Brunftschrei des Bullen? Ein Fahrabenteuer faszinierender Güte als Ergebnis vorausschauender Planung. Höchster Komfort und maximale Performance spiegeln sich in perfekter Innovation. Wie kann man von etwas träumen, das einen nachts nicht schlafen lässt? Hol dir den neuen Klingelton, dann kriegst du einen gratis. Zoom dich ganz dicht an deine Traumlocation. Direkt aus dem Ringtone-Leistungszentrum. Der neue Hit. Ein wahrer Hammer. Direkte Wege ohne Umwege. Im vollen Galopp zum Eigenheim. Neue Fülle, natürlich lebendig. Konsum macht heil. Ich sehe so gut aus, wie ich mich fühle ...<

„Ruhig, Visionario, ganz ruhig. Das kriegen wir schon wieder. Am besten ruhst du dich erst mal aus und kommst morgen früh frisch-fromm-fröhlich-frei zurück", säuselt mir die Praktikantin ins Ohr. Ich blicke auf, tupfe mir mit meinem Chanel-Tuch den Schaum vom Mund, sage: „Arbeit macht frei", und beginne zu weinen.

„Ich will doch nur so alt werden, wie ich aussehe. Bitte, bitte", sage ich und falle aus der Rolle, die ich spiele.

Deutschland, Sommer 1997–2005 ohne 2003

Mit gequältem Blick sehe ich aus dem Fenster. Wassertropfen laufen die Scheiben hinunter, bilden Rinnsale, gefolgt von neuen Tropfen. Die Bäume stehen gebückt, triefend vor Nässe. Der Himmel schwer und dunkel, trächtig an Feuchtigkeit.

Im Hochhaus mir schräg gegenüber lehnt ein Rentnerpärchen, die Ellbogen auf Plüschkissen, Hände unter gähnende Kiefer gestützt. Ich bin nicht der Einzige! Geteiltes Leid ist halbes Leid.

Endlich, die geschwürgleichen Wolken verziehen sich. Es wird langsam licht. Hoffnung, die im Niederschlag ertrunken schien, keimt auf. Blätter schütteln den Ekel im frischen Windstoß ab. Herbeieilendes Donnergrollen unterbindet ein Hoch des Gefühlsbarometers im Ansatz.

Mehr wütend als betrübt stapfe ich durch die Wohnung. Wegen erneut einsetzendem Regen mache ich meinen Spaziergang nur den Gang auf und ab, virtuell, in den Synapsen. Hier bin ich sicher vor unbarmherziger Kälte, Nässe und Dunkelheit. Keine Autos, die einen von oben bis unten vollspritzen mit dieser dreckigen Brühe aus unzähligen Pfützen. Keine Menschen, die einen mit ihrem Leid und ihrer Abneigung durchtränken.

>Wann wird's mal wieder richtig Sommer?<, schlage ich auf meiner Schreibmaschine an. >Ein Sommer, wie er früher mal gewesen sein muss!<, ich kann mich nicht erinnern.

Seit Wochen ist es bewölkt, kühl oder kalt, nass oder feucht, verregnet und deprimierend. Die wenigen Tage, an denen es wirklich schön ist, die wirklich das Prädikat „Sonnentag" verdienen, ist man als Deutscher entweder auf der Arbeit oder im Urlaub. Und auf diese Weise geht es seit Jahren. Es geht schon so lange, dass man nicht mehr weiß, warum man den Sommer als Sommer bezeichnet.

Das alles erzähle ich meiner geduldigen Schreibmaschine.
– Ja! Ich weiß, warum die Deutschen Reiseweltmeister sind!
Ich verstehe, dass sie verschwinden, und wenn sie zurückkehren, mit leichten Tüchern und Sonnenbrand, glauben, sie müssten jetzt ihren leichten, beschwingten Traum leben – wenigstens ein paar Tage lang.
– So lange, bis der feuchte Alltag sie einholt.

Solche Sätze knalle ich ihr hin, meiner Schreibmaschine. Damit durchlebe ich meine Wut und Verzweiflung und ich provoziere sie. Auf dass sie mir endlich Rede und Antwort stehe! Das tut sie dann auch. Stoisch steht sie dann vor mir. Diszipliniert in der Anordnung ihrer Tasten, korrekt, mit gespanntem Farbband und geöltem Einzug. Als wolle sie mir sagen: „Ich bin ein tragsamer Geist. Ich steh hier, bereit, mein Schicksal als Schreibmaschine abzugelten. Bereit, der Dinge zu harren, mich niemals zu beklagen, sondern einfach nur bereit zu sein für immer das, was kommt. Wenn ich das tue, ich bin mir sicher, werde ich vielleicht als Schmetterling in den Tropen oder als Laptop im Garten Eden reinkarniert.“
Ich weiß in solch einem Moment nicht, ob ich meine Schreibmaschine bemitleide oder verehre. Ganz ehrlich, ich kann mich nicht entscheiden.
Ich denke mir nur, dass wir Deutschen vielleicht alle dazu neigen, zu ertragen. Dass wir alle den Geist der Schwere oder Nässe besitzen und gemäß der Karmalehre unser Wetter aus diesem Grund bedingen.

Man braucht nicht ins Schwimmbad gehen, um nass zu werden

Augen auf, diese Vierecke. Die Glotze läuft, ein Ameisenporno. Ausgemergeltes Gähnen, belegte Zunge, Geruch nach Knoblauchzehen, Fruchtfliegen sterben, stürzen in ein gesüßtes Meer aus Kaffee. Branden an in geblasenen Wogen, schlürfe sie, lausiger Vegetarier.

Kann wer sagen, wie spät es ist? US-Indizes schon geschlossen? Diese verdammte Zeit, gekrümmt wie ein zerschundener Rücken, eine Helix, keine Antwort.

Aufstehen, kratzen, Haare anklatschen, lieber hinsetzen. Her mit dem Adrenalin, dem Leben, wo bleibt die Atmung? Setzt ein, da is sie ja. Schwarzer Mann verlässt Augen durch die Hintertür, sagt leise servus.

Blinzeln, sehen, endlich finden – der Knipser. Zappen, Frühsport – früher wäre es Jane Fonda gewesen – Sponge Bob – Court Show, die Laien wimmern, schnell weiter – wieder eine – Werbung – Werbung – Morgenmagazin – Kinderkanal – Stümpermusik – Kochkurs – Werbung – Topf- und Pfannenverkauf bei Ricky – Cremes gibt's bei Uschi – Hellsehen und Kartenlegen – Werbung – sibirisch wirkende Moderatoren auf N-TV. Ah, sechs is durch, na und? Was haben die so eisig zu lächeln?

Schwelbrand im Ascher, Stoppelfeld in zerknitterter Fresse, kratzen, besser aufhören. Ein Vorwurf an das Laufband, Breaking News, Börse und Wetter. Tiefdruck und fahrige Gewitter. Kann jemand den schwerfälligen Tapsbären ermorden? Nerven stürzen wie Aktienkurse. Raus auf den Balkon, den Prager Fenstersturz proben, zweiter Anlauf, Vorbild New Yorker Börsencrash Ende der Zwanziger, ein schwarzer Donnerstag, es geht nicht. Wieder rein, klitschnass, der Himmel heult, kalt, klamm, lieber hinsetzen.

Verdammter Bär, verschwinde, warten auf die Verwandlung.
Keine Geduld, zappen, Reizüberflutung verödet Synapsen,
macht taub, Ricky dumm. Jetzt gibt's Multifunktionshobel,
Magnetfelddecken – weiter – Werbung – Werbung – Wetter –
Nachrichten – Wiederholung der Wiederholung der Wiederholung – Schraddelmucke – lieber Teletext, nichts verpassen.
Zittern, weil nass, egal, keine Zeit, Telefon in der Hand,
Nummer der Bank ist bereits getippt. Kaffee, schnell Kaffee –
verdammt! – unkoordiniert über das Hemd, wie braune Mu-
renabgänge, Fruchtfliegen sind Lawinenopfer.
Keine Zeit für Toilette, nichts verpassen, jeder Moment kann
entscheiden über Reichtum, Armut, warum nur immer wieder Optionen? Es gibt andere Möglichkeiten. Es ist nicht mehr
auszuhalten; es wird wieder warm. Diese Frauenblase! Egal
jetzt, lass es laufen, konzentrieren auf das Wesentliche.
>Kaufen, verkaufen!< Ein Schrei, ein Programm, die Option,
ein Turbo Warrant. Der blöde Hund kommt, muss raus,
schnuppert im Schritt, pinkelt ans Bein, dieser Scheißköter.
Eine Hand voll Prügel ist über, mehr Zeit nicht zu opfern.
Der Kater, eifersüchtig, vernachlässigt, markiert das zweite
Bein, ein Tritt, ein Schrei, Grüße von Hass ans Tierreich, außer für Bullen. Ein starker Bulle muss her, und zwar jetzt.
Lieber wieder hinsetzen. Zweiter Kater markiert ebenfalls, das
Gehirn, der Alkohol hat noch nie enttäuscht.
Gleich läuft er aus, der Schein. Scheint eine furchtbare Ent-
täuschung zu werden. Scheinbar nicht mehr aufzuhalten,
scheinheiliges Kratzen, lieber aufhören.
Ein Desaster, Schreie wie Tränen, Sturzbäche ohne Kanalisati-
on, kein Gully. Die Börse hat mich nass gemacht, wie der Kaffee – alle, ich, Hund, Katz und Himmel haben mir ans Bein
gepinkelt, meine Frau, nicht mal überrascht, scheißt auf mich.
Ich, eine Akkumulation an Sekreten, an Körperflüssigkeiten,
ein verkrusteter Argwohn.
Man braucht nicht ins Schwimmbad gehen, um nass zu werden.

Dollys Welt

Wie wir alle wissen, sind wir Bewohner einer degenerierten Gesellschaft. Die Werbung suggeriert uns Bedürfnisse, die niemals befriedigt werden können, es auch gar nicht sollen, solange wir nur so reagieren, wie die Strategen es von uns erwarten.

Markt- und Werbepsychologen sowie Medienwissenschaftler brachten uns weit voran, indem sie uns >Big Brother< vorsetzten.

Ja, klar. Jeder findet es absolut beschissen, dumm und primitiv. Deswegen erfreuten sich die ersten beiden Staffeln auch einer Quote von 12 %, was einem durchschnittlichen Zuschaueranteil von 4 Millionen entspricht.

Besonders die Familienväter schelten ihre glotzenden Kinder, strafen sie mit Missachtung, um dann gegen zwei Uhr nachts in die Wiederholung zu zappen, falls Manu doch nackt duschen war.

Endemol hat dann zur Abwechslung mal auf Quiz-Shows gesetzt.

Weil die gut liefen, ist das ganze Fernsehprogramm nun eine einzige Quiz-Show.

Die Probanden müssen sich meist zwischen vier Antwortmöglichkeiten entscheiden, wobei drei total Panne sind, damit das PISA-Studien-gebeutelte Deutschland wieder ein neues Selbstwertgefühl entwickelt.

Sie ahnen sicher schon, was kommt. Es war nur eine Frage der Zeit, bis sich das Fernsehmotto >sex sells< der Quiz-Shows bedienen würde.

Dolly Buster ist als würdige Vertreterin des horizontalen Gewerbes, mit direkt proportionaler Dummheit zur Größe der Silikonimplantate, Deutschlands erste Sex-Quiz-Moderatorin.

Das gemeine Volk, der Pöbel, rennt Endemol nun die Türen ein, um, wenn man schon nichts weiß, sich wenigstens nackt im Fernsehen produzieren zu können.

Theo, der blondierte ohrringbehangene Profi-Prolet, steht nur noch im Slip im Studio und harrt seiner nächsten Frage:

Wie nennt man das in der Vagina befindliche Zentrum, dessen Erregung der Frau besondere Stimulans verspricht?

A: G-Punkt   B: F-Komma
C: C-Strich   D: Davidstern

Puh, endlich die erste Frage, die Theo nach Verwendung des 50 : 50-Jokers richtig rät.
Jetzt ist das geile 18-jährige Luder Sabine dran, die ihre zweimal umgebauten Designerbrüste in die Kamera lächeln lässt.

Wie heißt das weibliche Geschlechtsorgan nach der indischen Kamasutralehre?

A: Moni   B: Toni
C: Yoni   D: Barbara

Nachdem Sabine mit zweitem Namen Tantra heißt, weiß sie die Antwort natürlich, sagt aber Barbara, um endlich ihren angefeuchteten Slip loszuwerden.
Theo hat nun die Möglichkeit, gleichzuziehen.
Dolly Buster, die Fragen und Antworten zum Glück und um den Fortbestand der Sendung zu sichern, in gewohnt zielsicherer Manier stakkatoartig, wie eine frisch geölte Kalaschnikow, vom Teleprompter abliest, hat die Abschlussfrage parat:

Wie nennt man die Frontpartie des männlichen Geschlechts-
organs?

A: Hämatom   B: Karzinom
C: Eichel   D: Speichel

Theo legt die Stirn in Falten, läuft zinnoberrot an, als ob er
sich eines zwei Monate hinausgezögerten Stuhlgangs entledi-
gen müsste.
„B! B! B is rischtisch, des hab isch schon gehört! B: Karzinom!"

Endlich standen die Kandidaten in Adams- und Evakostüm
im Studio. Das hochgradig alkoholisierte Publikum wurde
durch die Schilder >Tosender Applaus< zu Höchstleistungen
getrieben. Sabine-Tantra, Theo und Dolly Buster freuten sich
wie die Schnitzel.

Karzinom – ja, das hatte Theo vielleicht schon gehört. Aber
bis eben noch nicht gespürt. Sein ganzer Körper war ein ein-
ziges Karzinom. Das ganze Studio war das Krebsgeschwür
dieser Erde!
Die Sprengkraft war gewaltig. Theo explodierte und es gab
eine sagenhafte Kettenreaktion, mit der das Studio samt ganz
Köln-Hürth in die Luft flog.

Am schönsten wohnt es sich in Luftschlössern

Am schönsten wohnt es sich in den Luftschlössern, die wir uns bauen. Meines ist nicht besonders groß, auch nicht glamourös oder gar übertrieben. Nein, es ist angemessen. Meinen Vorstellungen entsprechend. Es thront auf einer einsamen Wolke, die beständig und geruhsam über den Wörthsee zieht und durch den >stairway to heaven< erreichbar ist. Im Garten wächst Zuckerwatte und der Baum der Erkenntnis. Seine Früchte, die wahrlich keine Äpfel sind, schmecken bitter und verursachen üblen Dünnschiss.

Ich denke darüber nach, ihn zu fällen und das Essen für mein Schloss online im Schlaraffenland zu ordern, das um die Ecke liegt.

Hier oben gibt es keine zermürbenden Staus und Hektik im Allgemeinen ist per Gesetz verboten und wird mit Ruheraum, Massagen und Fangopackungen nicht unter zwei Tagen bestraft. Es gibt keine verbindlichen Öffnungszeiten, keinen Smog und keinen Lärm. Zorn und Ärger müssen wie die Hunde draußen bleiben, unterhalten sich dort mit Krankheit und Tod über die Zweiklassengesellschaft und ersäufen ihr Unheil in seit Jahrhunderten reinkarnierten Tränen. Der Briefkasten akzeptiert nur Glückwunschkarten. Werbung und Rechnungen mutieren im immanenten Reißwolf zu Schnipseln feinsten Schnees, der hinabrieselt auf die Welt und wir fragen uns: „Is denn heut scho Weihnachten?"

Alle Faktoren von Stress sind ausgerupft, wie die langen, klumpigen Haare meiner Nase, alles ist im Fluss, ich gleite wie ein Frosch. Mein Schloss ist immer offen für meine Freunde, Heidi Klum und den Augustiner-Bier-Lastzug, dessen muskulöse Haflinger fröhlich klimpernd wöchentlich heraufzuckeln, damit der Kutscher die Fässer tauschen kann. Ich habe hier keine Bediensteten, sie tun alles freiwillig, im Sinne einer Non-Profit-

Organisation. Das Tischleindeckdich hat mir König Ludwig II. vererbt, Wein kommt aus der Pipeline, Weib aus aller Herren Länder und Gesang aus der Retorte, quasi sich selbst generierend. Selbst der Kapitän meines Luxusliners hat aufgehört zu arbeiten, leistet mir Gesellschaft und erzählt wilde Geschichten aus Tschetschenien.

Stimmt, das Schiff unten im See ist etwas zu groß, aber das alte von Roman Abramowitsch. Der Motor ist defekt, da ein Mechaniker Benzin mit Diesel verwechselt hatte, dafür war es traumhaft günstig und in diesem kleinen See könnte ich ohnehin nicht wenden.

Im großen Kinosaal, in dem wir einen Teil unserer Zeit verschwenden, habe ich via Standleitungen Zugriff auf Satelliten, die die Erde umrunden und ich kann mich live in die Beobachtung der Erdoberfläche klinken und bei Bedarf gediegen bis in das jeweilige Geschehen zoomen. Ich war schon immer ein Freund von Discovery-Channel. Bei >Breaking News< werde ich realtime informiert und durfte so beispielsweise bereits Zeitzeuge bei Blairs gewichtigem Geschäftsabschluss werden, als er wimmernd, unter Druck und Last seiner eigenen Exkremente annähernd die Fassung verlierend, anschließend vergaß, seine Hände in Unschuld zu waschen und die Queen zu beglückwünschen. Herrlich.

Meistens zoome ich aber nicht, sondern betrachte mir alles mit gewissem Abstand, wie bei >Space Night<, denn schließlich lebe ich in einem Luftschloss und nicht auf dem harten Boden der Tatsachen. Ich generiere hier mehr Träume, als ein Leben zerstören kann.

Ich verschwende meine Zeit in vollen Zügen und bin wirklich zufrieden, dass ich nichts leiste. Das ist mein ganzer Luxus. Hier bin ich Hedonist, reite auf Schäfchenwolken über den Regenbogen, säe Eintracht zwischen den Herren der Winde, vergesse, was ich vergessen will und begehre nichts, außer diesem Traum. Und wenn ich nicht gestorben bin, dann träume ich noch heute.

Aladin und die Wunderschlampe

Es war einmal in Arabien, da lebte eine arme Witwe und ihr Sohn Aladin. So richtig arm waren die, wie man sich's bei uns gar nicht vorstellen kann. Zum Glück war es wenigstens warm in Arabien, denn heizen hätten die auch nicht können; Briketts, Gas- und Ölofen kannten sie erst überhaupt nicht, und das wenige Holz war für die Suppe der Sippe.

Weil sie auch keine Fabriken, Banken oder sonstigen Institutionen kannten, wo man arbeiten und Geld verdienen kann, waren sie arm, hingen auf den Straßen rum, spielten witzige Spiele, die wir wiederum nicht kennen, um sich damit die Zeit zu vertreiben.

Der Magen grummelte oft, die Kleider waren zerschunden und nicht auf dem Stand der unbekannten Laufstegschönheiten, aber sie lachten viel und die Sorgen fielen dann von ihnen ab, vor lauter Lachen.

Eines Tages, ich glaube, es war montags, nach einem Wochenende, geschah es, dass der Zauberer, dessen Name mir entfallen ist, seine Zeit grübelnd und dabei auf seinen kaum vorhandenen Fingernägeln kauend verbrachte, als er die armen Menschen in den staubigen Straßen beobachtete, um einen ehrlichen unter ihnen auszumachen. Leider war er, wie ihn Scheherazade beschrieb, zu fett und wohl auch etwas böse, ein böser, fetter Zauberer also, der nicht durch ein Loch passte, durch dass er liebend gerne gepasst hätte. So musste er nun ins Ghetto, einen dünnen Armen bestechen, der für ihn da rein kriechen sollte.

Aladin konnte den Taler gut gebrauchen und tat wie ihm geheißen. Alsbald er drinnen war, im Loch, sah er nichts. Es war dunkel. Er vermutete aber eine feuchte Höhle, bevor ihm der Zauberer eine Fackel nach unten reichte und er die wildesten Sachen sah, die ihn umgaben. Unschätzbare Reichtümer, edle Steine, Schmuck, Geschmeide, weibischer Firlefanz. Noch bevor er sich wundern konnte, warum so viel wertvolles Zeug in einem gewöhnlichen Erdloch herumlag, wurde der böse Zauberer, dessen Name mir entfallen ist, misstrauisch.

„Gib mir die alte Lampe!", schrie er ungeduldig.

„Lass du mich erstmal raus, du!", konterte Aladin.

„Ich lass mich doch von dir nicht erpressen, du!", schrie der Zauberer zurück, und rasend vor Wut buddelte er den Aladin ein.

„Schöne Scheiße!", wütete nun wiederum der Aladin und rieb sich die Hände im Zorn. Urplötzlich erstrahlte dadurch die alte Lampe, die der böse Zauberer, dessen Name mir entfallen ist, haben wollte, und eine Geistin entstieg dem Rauch der Lampe.

„Was befehlt Ihr mir, ich erfülle Euch jeden Wunsch, Meister?"

Aladin, etwas verdutzt und ein rechter Depp: „Ich bin so hungrig und will heim zur Mutti."

Im nächsten Augenblick schon war er wieder zu Hause, der Tisch immerhin voller Essen, und zum Glück war ihm die Geistin aus der Lampe – wenn auch entgeistert – ebenfalls gefolgt. Schön war sie, wie er nun wahrnahm, sehr schön, weiblich, sehr weiblich, alles dran, nichts fehlte.

„Wie heißt du?", fragte er sie.

„Ich bin die Wunderschlampe. Ich kann dir jeden Wunsch erfüllen."

„Wow!"

Aladin ließ sich fortan wahrlich viele Wünsche erfüllen. Materialistisch war er nicht erzogen, sondern pragmatisch. Ein schlichtes, aber zielstrebiges Gemüt, kein Hang zum Luxus, keine Allüren. Nur die Erfüllung geheimer, unbezahlbarer körperlicher Wünsche.

1001 Nacht vergingen, gezeichnet vom derben Ausdruck unverblümter Erotik. Und Essen stand auch immer auf dem Tisch. Aladin war seither ausgelastet, in die staubigen Gassen schaffte er es nur noch selten. Dafür in die Wahrnehmung der Tochter des Sultans. Zeitlebens schon sagte man ihm ein charismatisch männliches Wesen nach, nun eilte ihm das eines Frauenverstehers und -beglückers voraus.

Zum Zeichen ihrer Ehre und Demut schenkte ihm die Tochter des Sultans ein Kästchen voller Juwelen, doch sie erkannte schnell, dass die Wunderschlampe der eigentliche Grund war, warum Aladin unbestechlich blieb und sich nicht überzeugen ließ, sie zu heiraten.

In ihrer rasenden Eifersucht und nicht ohne weibliche Tücke erzählte sie dem bösen Zauberer, dessen Name mir entfallen ist, wo Aladin lebte, und dieser schlich sich des Nachts zu ihm und entwendete die Wunderschlampe.

Diese wiederum – von ihrer Art eine wunderliche Schlampe – konnte vom biologischen Programm her nicht anders, als ihrem neuen Herren zu dienen. Dem bösen Zauberer ging es auf einmal gut, er war fortan sehr glücklich, die Tochter des Sultans suchte es zu werden und Aladin war am Ende. Er wollte keine Frau, nicht einmal die Tochter des Sultans, sondern seine Schlampe.

Starallüren, Luxus und Überfluss waren ihm nur im Schlafgemach genehm, für weltlichen Reichtum, Ruhm und Ehre war in seinem Kopf kein Platz, der war überfüllt mit warmen Gedanken, die ihn schlussendlich zum Schloss des bösen Zauberers führten.

Dort rieb er sich, wie einst im dunklen Loch, die Hände, und die Wunderschlampe war wieder sein.

Um dem Zorn der Tochter des Sultans zu entgehen und um nicht ein weiteres Mal Gefahr zu laufen, dass ihm die Wunderschlampe entwendet würde, zogen die beiden ans Ende der Welt und lebten dort von diesem Tage an zufrieden und glücklich zusammen.

Bernhard und die Schwarze Elster

Bernhard ist Schwimmer. Er schwimmt schon sein ganzes kurzes Leben lang. Seit er denken kann, dreht sich alles darum.

Bernhard war eine Unterwassergeburt, ins Leben geflutscht in der Schwarzen Elster, einem Fluss bei Hoyerswerda, wo seine Mutter früher gerne badete.

Die Geburt ist schwierig gewesen, aber als Bernhard erstmals sein Köpfchen ins Wasser steckte und in die Schwarze Elster eintauchte, fühlte er sich sofort heimisch. Seine Mutter ist bei der Geburt bewusstlos geworden und die Strömung trennte ihn unglücklicherweise von der Nabelschnur.

Die schwarze diebische Elster waltete ihres Amtes und trieb ihn abwärts in ein Fischernetz nach Senftenberg.

Da Babys ja einige Zeit ohne Atmung unter Wasser auskommen, wurde Bernhard von der Fischerfamilie Zacharias, in deren Netz er sich verfangen hatte, aufgenommen.

Im Alter von zwei Jahren wurde Bernhard Mitglied des TSV Senftenberg und lernte schwimmen. Mit fünf Jahren wurde er zum ersten Mal Jahrgangsmeister des Landkreises über 25 m Rückenkraulen und im darauf folgenden Jahr sogar sächsischer Meister in allen Disziplinen und Lagen.

Er trainierte Ausdauer und Kraft und war mit vierzehn Jahren schon so ein richtig kräftiger Riegel.

Da es in Senftenberg nur eine Grundschule und keine Sonderschulen gab, beschloss man, er solle in Wittenberg weiter zur Schule gehen.

Also stand er am ersten Schultag gegen vier Uhr früh auf, um die gut hundert Kilometer, die es nach Wittenberg waren, flussabwärts in der Schwarzen Elster zu schwimmen. Gegen acht, zu Schulbeginn, war er grad erst bei Lauchhammer durch und hatte schon einiges an Wasser geschluckt, weil er solche Wellen aus dem Schwimmbad nicht kannte.

Er vermisste jetzt schon die Chlorbeigabe des Schwimmbadwassers, die ihn den fauligen Fischeintopf seiner Stiefmutter besser verdauen ließ.

Eine Woche später traf Bernhard endlich in Wittenberg ein. Total erfroren und abgemagert, und den Anschluss in Deutsch und Mathe hatte er auch verpasst.

Eigentlich hatte er sich vorgenommen, am Wochenende wieder nach Hause nach Senftenberg zu schwimmen, aber die Strömung war zu stark.

So blieb er noch zwei Jahre bis zur Idiotur an der Sonderschule. Mit der erfolgreich bestandenen Idiotur in der Tasche überkam ihn sogleich wieder die Lust, zu schwimmen. Mittlerweile war die Schwarze Elster in die Elbe gemündet und er kam bald bei Wörlitz durch.

Weil Bernhard mittlerweile schon so durchtrainiert war, schwamm er gleich weiter nach Dessau und von dort bis nach Magdeburg. Hier kämpfte er sich an der Colbitz-Letzlinger Heide entlang durch die Altmark bis Wittenberge. Es wurde langsam Winter.

Die Strapazen wurden größer, je näher er dem Westen kam. Einerseits waren die Wessi-Fische hier aggressiver und aufdringlicher und begannen ihn ungeniert anzuknabbern, was seinen Schlagrhythmus und seinen Blutverlust beeinflusste.

Außerdem bekam er allergische Reaktionen, Ausschläge und dicke eitrige Beulen, weil die ganzen Wessi-Zuflüsse wie Jeetzel oder die Havel von Berlin herkommend, die gute alte Elbe verseuchten.

Vielleicht waren die fiesen Fische deswegen so degeneriert und bissen ihm kurz vor Lauenburg den großen Zeh ab.

Auf diesen Schock hin bog er in den Elbe-Lübeck-Kanal nach Norden ab, bis Lübeck. Dort stärkte er sich noch mal mit Marzipan, bevor er sich in die Lübecker Bucht stürzte und das bereits gebildete Packeis mit seinen Unterarmen zerhackte.

Er kam immer langsamer voran, und schließlich verlor sich Bernhards Spur in der Nähe von Malmö.

Ein Tag aus dem Leben Tyler D.s

Tyler wurde wie jeden Morgen von der glucksenden Henne geweckt, die durch ihre Erregung zum Ausdruck bringen wollte, dass sie ein Ei am Wandern hatte.
Tyler war bereits auf die fiependen, debilen Laute konditioniert und er musste sich beeilen, wenn er verhindern wollte, dass sein Frühstücksei wie so oft auf dem Fußboden zerschellte, das die Henne vom Schrank herunter, begleitet von orgasmatischem Stöhnen, aus ihrem Heck drückte.
Heute war ein guter Tag.
Dank eines gigantischen Hechtsprungs über den zwei mal vier Meter großen Schimmelpilzteppich, der sich seit geraumer Zeit auf den faulenden Dielenbrettern selbst züchtete, erreichte er das Ei mit seiner Baseball-Fanghand noch vor den stinkenden Exkrementen und Eierschalen auf dem Boden.
Das Ei brutzelte er in der Pfanne über der Feuerstelle.

Während seine Gedanken um das altbekannte philosophische Problem kreisten, ob das Ei oder die Henne zuerst da waren, betätigte er die Zitzen der kleinen Ziege, deren Aufgabe in diesem Haushalt darin bestand, für Milch zu sorgen und den Schimmelpilzteppich auf exakt drei Millimeter Schnitthöhe zu halten.
Für Tyler war die Sache mit den Eiern eine Gleichzeitigkeit des Nacheinander. Die erste Henne hatte bereits ein Ei im Heck gehabt, dieses konnte jedoch erst in einem zweiten Schritt – dem Ausscheiden – wahrgenommen werden.
Die philosophische Problematik ist doch nur gekünstelt und ein Verschulden der zweiwertigen Logik.
Das Leben ist doch ganz einfach. Jeder Mensch würde das sehen, wäre er Selbstversorger wie Tyler und nicht einer diffusen Komplexität anheimgefallen.

Das Frühstück wurde ergänzt durch einen Hasenbraten in Kokosmilchsoße. Eines seiner Karnickel hatte die Löffel abgegeben, zog es vor, in den ewigen Jagdgründen selbst Jäger zu schießen und wurde nun über offenem Feuer gegart. Köstlich, was die Natur einem alles bereitstellt.

Die Sonne warf ihre wärmenden Strahlen durch das Fenster. Dort wurden sie sehnsüchtig aufgefangen, denn man konnte den herannahenden Frühling spüren.

Alle Tiere, die Hasen, Ziege, Henne, Katze, Ratten, Mäuse und der Papagei waren wie geblendet und dachten an Gruppensex.

Tyler verspürte den hormonellen Schub schon auch, wollte ihn aber lieber auswärts erleben und entschied sich fürs *Sexyland*.

Zuvor aber noch ein ordentlicher Stuhlgang, um das Wohlbefinden an diesem wunderbaren Morgen abzurunden.

Also stellte er den Stuhl auf den Gang, ein eigenes Badezimmer hatte er nicht, wälzte die Betonplatte behutsam zur Seite und setzte einen Doppelpfünder-Kaktus in das schwarze Loch unter ihm, das in den Kamin des Untermieters mündete.

Die Ziege leckte alles sauber und mit einer angedeuteten Morgenlatte fuhr Tyler mit dem Aufzug aus dem 34. Stock nach unten.

Auf ins *Sexyland* und der Tag wäre morgens schon perfekt, dachte er zufrieden. Die drei Grundpfeiler des Lebens wären abgehakt: Essen, Kacken und Vögeln.

Der ganze Planet schien sich im Endeffekt um nichts anderes zu drehen und Foucault hatte wohl ungerechtfertigterweise das Universum auf nur einen Fixpunkt reduziert. Manchmal ist die Wissenschaft zu nüchtern. Sie vergisst, dass wir in ihr leben sollen.

Leander, der schimmlige Wallach, erwartete ihn schon ungeduldig und peitschte mit seinem Schweif den Chauffeur des Rolls-Royce, an den er festgebunden war.

Dieser dicke Indio regte sich grundsätzlich auf, weil Leander die Fensterdichtungen der Karosse zerkaut hatte; nach einem deftigen Magenschwinger grinste er wieder freundlich und winkte, als Tyler in Richtung Börse durch eine ungehaltene Horde Yuppies davonpreschte.

Im *Sexyland* war es geboten gewinnbringend zu handeln.
Leander brachte gutes Geld, das ein Schwulenpärchen und eine in die Jahre gekommene Kackstelze investierten. Dafür konnte sich Tyler im Ausgleich den Tabledance leisten.
Die Mädels wirbelten nur so um die Stangen und an der Bar saß Mia.
Mia war ein verbrauchter Redhead, die Ex-Freundin von Christoph D. Sie war um die Uhrzeit schon richtig besoffen. Aus ihren Poren drang modriger Geruch und ihre Tränen schmeckten hochprozentig. Tyler beschimpfte sie aufs Übelste, wischte ihr ein paar, bis sie heulte wie ein Schlosshund.
Als er sie abgeleckt hatte, war er dicht wie eine Strandhaubitze und zog einen Beutel Myrre am Automaten, den er im Begriff war, mit Minnie, einer minderjährigen Thai, plattzumachen.
Minnie war eigentlich ganz nett, wusste aber wegen jahrelangem Klebstoff-Schnüffelns nicht mehr, wie sie wirklich hieß, noch wo sie herkam und lebte seither im *Sexyland*.
Ihr winziger Po fühlte sich fest, ein entscheidender Rest warm an, und nachdem Tyler und Minnie fertig waren, ließ man sie weiterhin in der Sexschaukel hängen, sie hätte ohnehin weder stehen noch sitzen wollen.
Mittlerweile war es fast Mittag, und Tyler schwang sich schwankend, aber verrichteter Dinge auf den wartenden Wallach und machte sich auf den Heimweg.
Der Tag war schon vollkommen. Alles wichtige erledigt. Die drei Grundpfeiler des Lebens ragten schroff aus zementiertem Nichts, waren zum Fundament seiner Tage geworden,

ein Dach wollte er nicht darauf decken, es würde die himmlische Sonne verdunkeln. So hielt er ein Mittagsschläfchen im Park am Ocean Drive zum Ausklang des Tages, versüßt durch Cuba-Libre aus der Dose.

Der Geschmack des freien Cuba in einer unter Druck stehenden amerikanischen Aluminiumbüchse der Marke Pandora ließ ihn von mehr träumen. Mehr als essen, Essen wieder loswerden und Sex. So etwas wie Moral, Tugenden oder intellektuelle Befriedigung wäre gerade recht. Denn schon Sokrates sagte, obwohl er nichts wusste, dass tugendhafte Menschen gerecht handeln und dadurch glücklich werden.

Wir wissen heute immer noch nichts, glauben aber, dass Sokrates damit Recht hatte.

Dummerweise fehlten Tyler aber die intellektuellen Fähigkeiten sowie Disziplin und Ausdauer, um tugendhaft handeln zu können und um glücklich zu werden. Außerdem hatte er die Büchse ja bereits geöffnet und es war mehr als Luft entwichen.

Als er wieder erwachte, hatte er geträumt, dass er das Leben wohl schon kannte. Er fuhr also in den 99. Stock, um endlich mal das Sterben auszuprobieren.

Der Flug dauerte volle fünfzehn Sekunden und war erfahrungstechnisch ein absoluter Gewinn. Die Landung war schmerzhaft, brach ihm das Genick und führte dazu, dass er fortwährend eine Halskrause tragen musste.

Deshalb ist die Moral von der Geschicht, Glück und Ethik interessieren hier nicht.

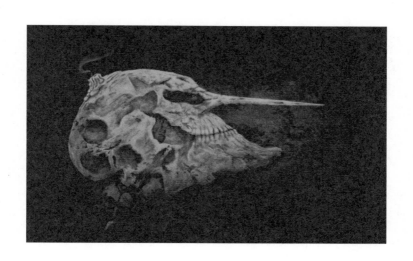

Hunter Thompsons letzte Depesche

Wir waren gerade in der Mojavewüste und fuhren mit unserem Boliden durchs Tal des Todes zurück vom >Burning Man Festival< nach San Diego. Das Wetter war, wie nicht anders zu erwarten, wüst. So schwül-heiß, dass der in Strömen fließende Schweiß, der aus unseren Poren hinaus hinab bis an unsere Hosenbünde rann, sich nur kurz staute, um dann direkt wieder zu verdunsten und lediglich ausgetrocknete Salzseen auf unseren Shorts zurückzulassen. Die Landschaft, die wir nun seit Stunden passierten, war vom Mond geliehen und nur sporadisch mit Trompetenkakteen versehen, die nichts außer Trostlosigkeit herausposaunten. Das Leben lag hier brach und wir passten uns der Situation gekonnt an und hingen halbverdörrt hinterm Steuer. Mein Freund und Anwalt Luke Swilldough mit Tropenhelm, ich mit übergestülpter Fischmaske gegen die Unerbittlichkeit des umherfliegenden Staubs, der gemütliches Biertrinken genauso unmöglich machte wie die Fischmaske.

Die Gedanken flirrten noch um den mittlerweile abgefackelten >Burning Man< und das kolossale Fest der vergangenen Tage wie eine Fata Morgana um zwei Verdurstende, die sich dahinsiechend an ihrer eigenen Imagination laben.

„Weißt du Luke, es ist schon komisch. Da wohnen wir einem Festival mitten in der Wüste bei, das keinerlei Bedeutung hat und die zusammengekommenen Freaks zum Biertrinken und Wegelagern animiert, aber irgendwie ist diese absurde Gemeinschaft verrückter Außenseiter befreiend und lebenswert und gewinnt von Tag zu Tag an Bedeutung, bis mit dem Verbrennen dieser Holzfigur alles vorbei ist und alle wieder verschwinden."

„Ich bin voll paniert und deswegen federleicht", antwortete Mr. Swilldough über dem Lenkrad versunken, und er hatte Recht.

Las Vegas mit seinen ein- und zweiarmigen Banditen lag nun satte siebzehn Bierdosen hinter uns und wir folgten leicht schlängelnd dem Colorado nach Kalifornien. Kurz vor San Bernardino, dort, wo mitten im Nichts zwei Pisten, die eine aus Nevada, die andere aus Arizona kommend, zusammenlaufen, pickten wir dann diesen schrägen Vogel auf, der nach Long Beach wollte und mir glaubte, meine Fischmaske sei ein Erbstück und Geschenk Sitting Bulls. Ich schlug mir vor Lachen auf die Schenkel und das verwundete Knie, aber ziemlich plötzlich war die durch das Herannahen von Zivilisation mit all ihrem Leben aufgeheiterte Stimmung dahin und wir, vor allem der Nachricht wegen, wieder im Tal des Todes.

„Sag das noch mal!", drohe ich dem zerzausten Vogel auf der Rückbank meine Faust erhebend die Strafe für Falschaussage an, um sie gleich wieder auf die Dose sinken zu lassen.

– „Ja, ohne Scheiß, er hat's getan! Er hat es wirklich gemacht!" Ergriffen ziehe ich die Maske und leere das Bier, während Luke uns reifenquietschend zum Stehen bremst. Gemeinsam errichten wir am Straßenrand ein Denkmal aus Bierdosen und verhalten uns wie bedröppelte Fische im Wasserglas.

Unser Idol war gestorben. Hunter Thompson hatte sich selbst vors jüngste Gericht gestellt und abgedrückt. Er, der Erfinder des Gonzo-Journalismus, dessen Leben Terry Gilliam als Vorlage für seinen relativ unbeachteten Film benutzte, der hier in der Mojavewüste spielt, hatte sich im hohen Alter das Leben genommen. Es war ein Schock. Es war unser Idol. Berühmt geworden war er als Berichterstatter beim legendärsten Boxkampf des Jahrhunderts. Nicht etwa, weil er den „rumble in the jungle" mit Mohamed Ali wie geplant kommentierte, sondern am Hotelpool verschlief. Auch Gonzo war ihm zugefallen. Beim Autorennen in der Wüste. Durch diverseste psychoaktive Substanzen beeinträchtigt, war es sein verkaterter Depeschenstil, den er notgedrungen, um seinen Job nicht zu verlieren, nach New York telegrafierte, der ein neues Genre begründete.

Hunter Thompson war im Delirium und ohne die Angel aus-
zuwerfen der große Wurf gelungen.

„Weißt du Luke, es ist schon komisch", sage ich, während wir
uns der Dunstglocke L. A.'s nähern. „Da weiß man, dass
Gonzo und Hunter keinerlei Bedeutung haben, aber irgendwie ist dieser absurde Kerl und verrückte Außenseiter befreiend und liebenswert und gewinnt von Tag zu Tag an Bedeutung, bis mit dem Sterben dieser Figur alles vorbei ist und
alles wieder verschwindet."

„Ich bin voll paniert, aber schwer-, sehr schwermütig", antwortete Mr. Swilldough über dem Lenkrad versunken, und er
hatte Recht.

Wir wollten Thompson die letzte Ehre erweisen, hatten wir
soeben beschlossen, und eine Gonzo-Schule eröffnen, um seinen journalistischen Stil aufrecht zu erhalten. Und ihm eine
Geschichte widmen, das wollten wir auch.

In der nächsten Kleinstadt hielten wir beim Postamt und
schrieben Hunter Thompsons letzte Depesche mit folgenden
Worten an Frank Sinatra:

>I did it my way! The fabulous freaks are leaving this world<

Gott hat ein Arschloch

Gestern war ich in meiner Lieblingskneipe. Es regnete mal wieder, im Fernsehen kam rote Grütze, ich wollte kickern und das Bier war alle. Das sind meist die niederen Beweggründe, die mich in die Kneipe bewegen. Meine Ausgehuniform ist schnell übergeworfen. Die hautengen Stiefel, die bis zum Oberschenkel reichen, ein wattierter Gehrock in Schokofarben, das blaue T-Shirt mit den gelben Lettern >I'll never get out of this world alive< plus der amerikanischen Baseball-Mütze, obwohl ich Baseball noch mehr hasse als Amerikaner. Ich bestelle ein Helles, wie immer. Ich bestelle nicht mal, es reicht der Hundeblick. Mehr als durstig lege ich den Kopf in den Nacken, das Glas an die Lippen und beobachte wissenschaftlich genau, wie im Takt des rotierenden Ventilators an der Decke das soeben erworbene Bier in mir versickert. Vorsichtshalber trinke ich noch eins, verliere – wie immer – am Kickertisch und trinke noch eins.

Jetzt muss ich – wie immer – aufs Klo, pinkle im Stehen und leicht daneben. Mir entfährt ein Magenwind – wie immer – wenn ich anfange zu pinkeln und ich versichere dem linken Toilettennachbarn, dass mein Po Husten habe, einen üblen Katarrh.

Dann erblicke ich diese Aufkleber, direkt auf Augenhöhe. Die Kneipe ist irgendwie ein bisschen links und in solchen Kneipen sind Toiletten und Zapfanlagen Legebatterien für Aufkleber. Sie halten sich zwar nicht lange, werden entweder überklebt oder abgerissen, aber sie sind omnipräsent.

Auf einem steht:

Gott hat kein Internet.
Gott verliert im Halbfinale!

Der andere, etwas nach rechts versetzt und bereits an den Ecken zerfetzt, räumt mit gängigen Illusionen auf:

Keiner mag uns, wir sind Arschlöcher.

Ich weiß nicht, was ich davon halten soll, schmunzle und wasche mir nicht die Hände.

Bier, verlorene Kickerspiele und die Anwesenheit von Linken lösen in mir regelmäßig Melancholie aus. Ich muss dann einfach nachdenken. Mein Hirn wird zum Leistungszentrum für freies Assoziieren.

Was wäre, wenn Gott kein Internet hätte? – Er würde Strom sparen und bekäme keine Spam-Mails mit Angeboten zur Penisverlängerung oder Potenzsteigerung. Es gibt Schlimmeres. Er wäre aber nicht vernetzt, und vielleicht fehlt uns deswegen der Zugang zu ihm.

Wer gewinnt, wenn er im Halbfinale verliert? Ist Gott entmachtet und braucht das Internet und eine Potenzsteigerung? Ist Gott eventuell doch tot? Hat er, falls er noch lebt, Humor, geregelte Arbeitszeiten, eine Freundin und eine Krankenversicherung? Hat er Langeweile, ist morgens müde, sucht händeringend ein Hobby oder braucht er etwa Urlaub? Ist er in das ganze mentale Bla der Erdbevölkerung involviert?

Was wäre, wenn Gott ein Arschloch wäre, denke ich verstohlen und blinzle verlegen in den gemächlichen Ventilator, der unbeirrt seine Kreise zieht. Na ja, versuche ich mich für meine Gedanken zu entschuldigen. Ich bin nur von Arschlöchern umgeben, und irgendwo müssen sie ja herkommen. Ich zucke mit den Schultern, Schweiß benetzt mein T-Shirt unter den Achseln.

Ich füttere den Elvis-Flipper mit einer feisten Münze, spiele gegen ein kleines, untersetztes Arschloch mit Palästinenser-Schal, das hier genauso zum Inventar gehört wie der Flipper. Ihm sage ich, während die Silberkugel über eine schiefe Ebene flitzt, dass ich ihn für ein göttliches Wesen halte. Er lacht wie Steve-O von Jackass und fühlt sich sichtlich geehrt. Er gewinnt mit breiter Brust, die sich zu seiner kümmerlichen Erscheinung in Relation setzt.

„Gott ist ein Arschloch", fahre ich ihn an.

„Gott lässt immer die Falschen gewinnen! Er hat kein Gespür für das Wesentliche, das Gute und fabriziert so permanentes Leid. Die Welt ist ein Jammertal, dessen es bedingende Gipfel in den Himmel stinken. Von den Hängen hagelt es Muren und Gerölllawinen, die alles unter sich begraben, und selbst der Messias samt seiner Seilschaft war ein Bergführer ohne Pickel und Steigeisen, der im ewigen Eis verschollen blieb. Um hier überleben zu können, müssen wir uns Sisyphos als glücklichen Menschen vorstellen und davon ausgehen, dass PacMan frisst, nur um selbst nicht zu sterben.

Um überleben zu können, müssen wir anderes aus seiner Gegenwart verdrängen. Hier geht es doch nur um Macht, und die wird nur von denen gewollt, die andere verarschen. Er lässt uns Menschen, das Krebsgeschwür, Herr über unsere kleine Welt werden und den ganzen Organismus zerstören. Aber nicht nur, dass er uns in das Tal gesetzt hat, nein, er hat auch noch das Licht ausgemacht und wir tappen im Dunkeln", kotze ich dem kleinen, untersetzten Kerl vor die Füße.

Ich erwarte seine Reaktion wie ein Tennisspieler den Return, um ihm weiter verbale Bälle um die Ohren zu hauen. Doch er schlägt ein As:

„Shit happens and many die!", meint er beiläufig achselzuckend und widmet sich wieder Elvis.

Mein lieber Gott, denke ich, ein Philosoph ist vom Himmel gefallen. Mitten in die Kneipe. Mit an Sicherheit grenzender Wahrscheinlichkeit hat er Recht und unser Gott hat, wie wir alle, ein Arschloch. Jeder Organismus hat seine Kloake, denn irgendwo muss der ganze Scheiß ja hin.

Expedition Seeraum

Scheinbar unkontrolliert flackern die Lämpchen in meinem Cockpit. Ich überprüfe ein letztes Mal Druck und Sauerstoffgehalt, bevor sich die Kapsel von oben herunter auf den Unterbau des Schiffes senkt. In kindlichen Geräuschen entweichen Luftblasen aufgrund des Überdrucks. Ich atme durch, meine Maske beschlägt und ich klopfe dreimal auf Kunststoff, da kein Holz da ist.

Der Countdown läuft fast davon und erst bei >1< drücke ich den Auto-Piloten. Unter Summen und verächtlichem Rumoren bringt sich mein Schwimmzeug auf Touren, wackelt und poltert auf der Abschussrampe. Endlich geht es los. Wir werden vom Stapel gelassen und tauchen ins Meerall ein. Es wird dunkler und ich drücke den Knopf für Notbeleuchtung.

So schnell taucht man in eine andere Welt ein. Ich versuche mich zu akklimatisieren, während ein Fischschwarm um mein Schwimmzeug herumtollt. Ich bewege den Cursor und fliege steil nach unten, weiter in den Seeraum. Der Druck nimmt unverhältnismäßig zu, es wird dunkel und kalt. Ein mahnender Ton untermalt das Blinklicht für Überdruck. Ich grinse wie ein Elch nach einem Blattschuss – zwar nur aufgrund des Überdrucks –, aber mache gute Miene zum gezückten Daumen und fixiere die Kamera.

– „Alles fit im Schritt!", sage ich mechanisch, wie der Bruder von E. T.

– „Okay, Lance, den Anstellwinkel auf 12 Grad. – Position halten."

Das GPS verabschiedet sich: „Ihre Position kann nicht angegeben werden. Bitte biegen Sie bei der nächsten Ausfahrt nach rechts ab und wenden Sie, oder wechseln Sie die Straßenkarte."

Ich bin auf mich gestellt. Allein. Eins mit dem All. Ich beschließe, tiefer zu fliegen und der Wasserstraße zu folgen, was sich als ausnehmend gute Idee erweist: In der Ferne ortet mein Ultraschall unbekannte Schwimmobjekte. Ich steuere direkt darauf zu, treffe auf erste Proleten. Ich hänge mich an einen Mantarochen, sauge mich in den Wasserschatten seines Spoilers. Gemeinsam gleiten wir durch den Seeraum. Immer tiefer. Bing! – „Lance, Sie befinden sich nun annähernd 20.000 Meilen unter dem Meer. Gleich haben wir's geschafft! Beginnen Sie nun mit >Operation Lux<." – Ich grinse. Beide Daumen nach oben!

Ächzend und mächtig zusammengedrückt trete ich in die Pedale, stelle den Regler auf 700 Watt. Wie ein Hamster strample ich ins Rad, drücke auf den Knopf >Operation Lux<, als das gleißende Licht der Flutlichter die Szenerie ausleuchtet.

– „Lance, Sie sind jetzt 20.000 Meilen unter dem Meer. Sie haben das Unmögliche geschafft. Drücken Sie auf Videostream und strampeln Sie wie im Prolog!"

Verbissen folge ich den Anweisungen des Tour-Managers.

– „Lance, gut so, ja, schneller, wir brauchen mehr Watt!"

Ich strample keuchend weiter. Immer weiter.

– „Lance, wir haben ein Problem. Die EPO-Anzeige zeigt signifikant fallende Werte. Ihr Doping lässt nach. Sie müssen sich beeilen! Sagen Sie den Satz!"

Ich gehorche:

„Das ist nur ein kleiner Tritt für den Menschen, aber ein großer Tritt für die Menschheit!"

Ich höre Jubelarien über Funk: „Lance Armstrong, der erste Mann 20.000 Meilen unter dem Meer."

Freudetaumelnd trample ich weiter, bis das Flutlicht geflutet wird. Dunkelheit und Stille.

Ich muss weg! Schnell die Galaxie verlassen. Auftauchen.

Mir ist schwindelig, als ich die Reißleine ziehe und nach oben sehe.

„Der Himmel ist soeben auf das Wasser geschlagen", sage ich.

– „Lance, bitte kommen. Bitte kommen!"

– „Schon dabei", erwidere ich.

– „Mayday. Mayday. Sie befinden sich auf Kollisionskurs. Verändern Sie Ihre Position. Moby Dick befindet sich in Ihrer Auftauchschneise. Ich wiederhole: Moby Dick befindet sich in Ihrer Auftauchschneise!"

Und in der Tat: Als ich in meinem Aquanautenstuhl liegend oben aus der Kapsel blicke, sehe ich Mobys Dick.

Geräusche berstenden Kunststoffs und ein gewaltiger Überdruck lassen mich lediglich noch die Worte sagen:

„Der Pimmel ist mir auf den Kopf gefallen!"

Dekompression

Die Idee dazu kam mir kürzlich, nach meinem Auftauchunfall, und seitdem gastiere ich dort. Meine Kammer hat zwar ein Fenster, aber rausschauen will ich meistens nicht. Vom Entwurf her ist sie ein Schuhkarton, in dem ein Hamster haust, aber kompakter, luftdicht und sehr technisch, ohne Laufrad, dafür ein Regler für Re- und Dekompression. Das kühle Innere der Kammer, mit einer Anmutung wie ein feiner Windkanal, empfinde ich als Ordnung, als nüchternen Gegenentwurf zum äußerlichen Chaos. Das Sterile, die Aluminiumoberfläche und die vielen Schläuche grenzen so die Außenseiter, die sich in der Welt befinden, geschickt aus, erzeugen dadurch wohlige Wärme und genügend Abstand. Ich verstehe Schnecken mit Häusern und Einsiedlerkrebse, die mit ihrem Lebensentwurf ähnlich verfahren, aber ich partizipiere an einem entscheidenden Vorteil. Das Wesentliche ist hier drinnen vorhanden. Wasser, Konserven, UV-Strahler, Toilette und Papier. – Man muss seinen Kopf nicht rausstrecken, wenn es nicht sein muss. Und natürlich habe ich viel, viel Druck.

Sicherlich weilt der Augenblick hier drinnen oft lange und man kann ihn nicht so leicht weiterschieben, man starrt, ohne zu blinzeln, ohne Antwort, ohne die Augen zu verschließen, weil es ohnehin nichts bringen würde. Die Dichte der Augenblicke wirkt gestreckt, sie rattern nicht durch, um das Ultrakurzzeitgedächtnis meist unberührt zu lassen, sondern sickern ein, werden zu mehr, lassen sich nieder wie geladene Gäste einer heiligen Messe, sind ganz ruhig, fast selig. Darüber schläft man auch oft ein, und auch viel mehr als es einem ein Gesellschaftssystem erlauben würde. Man befasst sich dann mit wissenschaftlichen Analysen der Schlafforschung von Braunbären, die monatelang knacken, oder denen von Löwen, die pro Tag nicht länger als fünf Stunden wach sind. Ohne Erfolg, sie sind wahre Meister.

Aber es geht nicht um Schlaf, sondern um Leben. Es geht darum, den Plan zu verwirklichen und endlich resistenter zu werden. Darwin ist ein Prophet und ich bereit, ihm ein Schnippchen zu schlagen! Wer weiß, wie lange es noch dauern wird, aber ich werde bereit sein. Vorbereitet sein. Ich werde euch alle überflügeln, wenn die Welt so weit ist. Ihr werdet vergehen, zerdrückt und auslaufen wie Gelee-Fische, wie Quallen. Ich bleibe lebensfähig.

Nun bin ich schon einige Wochen ohne Unterbrechung hier, der atmosphärische Druck wird künstlich hochgehalten, ich kriege viel Sauerstoff und wenig Stickstoff, mache sozusagen eine hyperbare Sauerstofftherapie.

Noch lachen die Leute und tippen sich an die Stirn, wenn sie von außen, durch die Fußgängerzone bummelnd, bei mir reinschauen, viele klopfen auch und winken, aber das Lachen wird ihnen schon vergehen, es wird sich noch aus ihren mimisch überlegenen Fratzen drücken.

Die Menschen sind nun mal so, es gibt keine anderen. Sie waren ja schon immer dumm, und alle Vorreiter sind nicht ernst genommen worden. Von Ptolemäus zu Kopernikus, von Darwin bis zu mir. Der Mensch ist ein Gewohnheitstier, das sich nur scheinbar an den Druck gewöhnt hat: Leistungsdruck, Leidensdruck, Luftdruck, Blutdruck, Buchdruck. Überall drückt es gewaltig, und mehr und mehr Leute halten den Druck der Welt nicht mehr aus, werden gleichsam erdrückt.

Im Normalfall ist beispielsweise der atmosphärische Druck nicht spürbar, unser Organismus hat sich daran gewöhnt. Trotzdem ist Druck Grundvoraussetzung dafür, dass sich der Mensch nicht durch Verdampfung der Körperflüssigkeit auflöst. Ein Stoff verdampft nun mal, sobald sein Sättigungsdampfdruck mit dem Luftdruck identisch ist. Hah! Da kön-

nen Sie mal sehen! Wohl nicht gedacht, häh? Der Druck ist
da, er wird weiter zunehmen.

Zu viel Stickstoff, zu viele Erstickungsstoffe, die ausströmen.
Man kann sie nicht mehr abatmen, sie bleiben im Blut nicht
in Lösung, sondern bilden Blasen. Vom physiologischen Stand-
punkt her sind wir dann wie eine Sodaflasche beim Öffnen.
Es rauscht und sprudelt. Das Resultat sind Dekompressions-
krankheiten, zentrale Lungenrisse, arterielle Gasembolien,
Verschlüsse in den Endarterien des Rückenmarks, des Gehirns
oder auch der Herzkranzgefäße. Verstehen Sie nun? Ich berei-
te mich vor, indem ich mir selbst gezielten Überdruck gebe.
Ich lerne meinem Körper, mit erhöhtem Druck umzugehen
und mit Stickstoff, der dabei diffundiert. Nur die am besten
Angepassten werden überleben und Darwin hätte wohl nicht
gedacht, dass ich dabei bin.

So sitze ich innerlich feixend, ertrage die Blicke von außen,
wohl wissend, dass ich sie spätestens dann los bin, wenn sie
zerplatzt auf dem Kopfsteinpflaster liegen.

In den letzten Wochen hatte ich mich sehr aufgeladen, mit
Druck. Also öffnete ich die Saunatür und trat hinaus. Das
Gehen fiel mir natürlich sehr leicht. Ich fiel wegen des Druck-
abfalls zuerst mehrmals leicht hin, berappelte mich aber und
ging dazu über, zu schweben. Einsetzende Thrombose und
der Druckabfall gaukelten mir vor, eine Art heliumbefüllter
Archäopteryx mit GPS zu sein. Ich flatterte überlegen, wie
ein koketter Hahn, manövrierte dann wie ein angeschossenes
Luftkissenboot rüber zu Starbucks, bestellte mir einen leichten Kaffee, während ich weiter in der Luft hing und sichtlich
aufgekratzt die am Boden zerstörte Belegschaft bemitleidete,
bevor ich mich – noch immer erleichtert – auf mein Eisen-
schwein schwang, um nach Hause zu radeln und mich erst
mal wieder zu erden.

Marie auf uferloser Suche

Die 34-jährige Transe Marie liebte nicht nur Männer. Sie liebte Kinder und wollte selbst welche bekommen. Das war kein leichter Schritt, aber einer, für den Marie alles tun würde. Die Vorbereitungsoperationen hatte sie schon hinter sich. Enthaarung, Östrogene, Stimmbandverkürzung, Penisumstülpung und Invertierung, Fassadenrestaurierung und Silikonbalkons. Jetzt war Marie annähernd fertig, Marius so ziemlich am Ende, entmächtet.

Fußball, Bier und provinzielle Männerwitze wurden liebend gern getauscht gegen Hobbys wie Malkasten, Fingernägel und Haare.

Mit Schminke im Gesicht war Marie dann auch ein scharfer Feger und konnte Pit in der Dorfdisko >Nachtschwärmer< für sich gewinnen, wo sie mittwochs steppte wie der Bär und wie die Sau sang.

„Marie, Marie!", sagte Pit und konnte nicht anders, als um ihre Hand anzuhalten. Schließlich ritt sie auch wie der Teufel und blies wie der Wind.

Pit und Marie waren seither ein Paar, heirateten in Weiß und wünschten sich Kinder.

Die Krankenkasse hatte beide als kaum krebsgefährdet eingestuft, und so waren noch die nötigen Gelder für Eierstöcke und Mutterkuchen übrig, die nach wiederum sauteuren Psychotests, die an Marie durchgeführt wurden, von der Kasse bewilligt worden waren.

Für Milchdrüsen hatte es nicht mehr gelangt, aber das war ja auch nicht essentiell.

Marie und Pit poppten zwei Jahre lang wie die Weltmeister, um als erstes Transenpärchen der Welt eine Schwangerschaft hinzukriegen. Das Resultat waren zwei Eileiterschwangerschaften, die Marie zutiefst betrübten.

„Marie, Marie!", dachte Marie, als sie sich für ein Designer-kind aus der Retorte entschied.

Pits Sperma wurde als minderwertig klassifiziert, sodass sich das Pärchen daraufhin gleich ihr Katalogkind zusammenbaute. Marie kreuzte „sportlich", „intelligent" und „gutaussehend" an. Nur über das Geschlecht konnten sie sich nicht einigen. Marie wollte unbedingt ein Mädchen, Pit einen Jungen.

Drum bestellten sie wertfrei einen Zwitter; das Junge konnte sich ja später jederzeit beliebig umoperieren lassen.

Außerirdische haben mein Mädchen entführt

„Ja, ich habe UFOs gesehen!", titelte die Bild unter Berufung auf geheime Aussagen des ehemaligen Kommandanten der russischen Weltraummissionen Vostok 4 und Sojus 14, Pavel Popovich. Dass dieser Mann mit einem solchen Namen und als Busenfreund Boris Jelzins so einiges gesehen hat, da kann man sich sicher sein. Dass die Bild Zugang zu geheimen Informationen jeglicher Art hat – vom bevorstehenden Wechsel eines Fußballregionalligisten bis hin zum geheimen Klatsch der Busenmacher-Witwe – auch.

Schon der Film >Men in Black< lehrte uns, dass die geheimsten und verschleierungswürdigsten Informationen prätentiös in den täglichen Käseblättern stehen und bei mutierten Bulldoggen in Menschengestalt am Kiosk zu erwerben sind. Der Nimbus des Geheimen ist dann schnell aufgehoben, er wird inflationär heruntergerissen und zurechtgezupft auf ein >verschwörerisch<. Der Begriff Verschwörung impliziert dann >ma weiß es ned, ma munkelt nur<. Man bewegt sich auf dünnem Eis – schlüpfrig, glatt, kalt, brüchig – und weiß nicht, was man da soll. Man denkt sich, es wird schon stimmen, wenn es in der Bild steht und der Popovich wird ja nicht gelogen haben. Und man denkt sich, so ein Quatsch, den gibt's ja nicht, die Bild bildet mal wieder ihre Meinung und der Popovich hat wohl zu heiß geduscht und oder war mit dem Jelzin auf ein verschwörerisches russisches Wässerchen.

Dieser blaue Ordner jedenfalls, mit der Aufschrift „Informationen über die Beobachtung von anormalen Erscheinungen", der vor dem wie ein Weihnachtsbaum dekorierten und angesehensten Kosmonauten des Sowjetreichs liegt, beschreibt das Flugobjekt als „silbernes Dreieck, unterwegs mit 1.000 km/h".

Anschließend war es noch von diversen Personen im Kaukasus, auf der Halbinsel Tiksi, in der Stadt Vinnomysowak und in Ostsibirien gesehen worden. Und von mir. Mitten in München, nach dem Konzert.

Zuerst kam diese mutierte Bulldogge direkt auf meine Freundin zu, um sie zu beschnuppern. Sie hatte sich als Robbie Williams verkleidet und die Ärzte im Schlepptau. Schnell auch meine Freundin. Diese wiederum bezeichneten der Hund Williams samt der Ärzte, die dazu ihr passendes Lied trällerten, als UFO, also als U.nbekanntes F.ick O.bjekt, entführten sie in einen silberfarbenen Porsche Triangle und flogen davon, mit 1.000 Sachen.

Ich weiß nun, wovon ich rede und sage, die Bild hat mal wieder Recht gehabt.

Meine Hochzeit

Der Wecker summte nicht. Wie an keinem Morgen. Ich habe keinen Wecker. Trotzdem wache ich immer in einem Zeitfenster von 8 bis 10 Uhr morgens auf, lüfte durch, gehe dann in die Küche, mache Kaffee, klaue eine Zeitung, bis der Kaffee fertig ist und lese diese dann genüsslich bis 12.

Mittags kommt meine Freundin mit Pizza, Pasta oder einer kulinarischen Überraschung, die wir in ihrer Mittagspause gemeinsam verzehren, bevor sie zurück zur Arbeit und ich zu Mimi gehe.

Mimi wohnt im Hinterhaus, kocht jetzt schon für abends, wartet auf ihren Mann und darauf, schwanger zu werden. Ich helfe, wo ich kann.

Da heute Montag ist, hat Tanja als Friseuse frei. An so einem Tag wie heute gehen wir nachmittags am See baden, und Tyra, Tanjas treue Töle, tollt tobend umher. [Diese Buchstabenfolge, wow!] Es ist herrlich, das pure Dasein. Wir rekeln uns in der Sonne. Ich atme, also bin ich.

Auf dem Rückweg lasse ich mich an der Rennbahn absetzen, streune herum, verliere mein Taschengeld und gewinne eine Freundin. Sie ist groß, blond und bewegt sich so, als ob sie noch nichts von ihrem Leben verstanden hätte. Als ob sie nicht wüsste, dass wir auf einem seligen Planeten leben. Es entwickelt sich ein angenehmes Gespräch in ihrem Cabrio, das uns zum spontanen Picknick am Stadtrand bringt.

Ich schlafe dort bis zum Sonnenuntergang. Die feuerrote Kugel senkt sich am Horizont nieder und ich habe ein gutes Gefühl, als sich der Mond in den Himmel lehnt, um rein rhetorisch zu fragen, was die Welt kostet.

Ich zwinkere ihm zu, strecke meine Glieder und schüttle meine Kleider aus, um mich auf den Weg zu machen.

Pia, meine Freundin, hat abends Fortbildung und zum Glück wohnen wir nicht zusammen. Niemanden wird es stören, wenn ich jetzt bei Gert versumpfe, nach hartem Alkohol und billigen Frauen rieche. Niemand wird sich aufregen, dass ich morgens einen Kater habe und diesen, wenn mir danach ist, auch noch füttere. Niemanden stört meine Unordnung, meine Flaschensammlung, mein Fußball.

Für niemanden bin ich ein domestizierter Schoßhund und dennoch stubenrein.

Ich studierte gerade die Zeitung, einen Artikel über einen blinden Hellseher, der die Zukunft aus jungen Frauenhinterteilen lesen kann, als mich ein Gefühl übermannte, dass meine Zukunft im Arsch wäre.

– „Heute gibt es Porridge", sagte Pia, und: „Hast du den Termin auf dem Standesamt für den 17. klargemacht?"

– „Nein", brummte ich, „nein, noch nicht!"

– „Aber ich!", frohlockte sie und sah dabei in mich hinein.

Ich hatte auf einen Schlag drei Frauen und einen Hund verloren. Was viel schlimmer war, auch meine beste Freundin: die Freiheit. Meine Hochzeit war vorbei. Wir würden heiraten und alles wird nur noch schlimmer.

Trugschluss und goldener Käfig

Gerade wurde mein erstes Kind geboren. Ein kleines Ding. Eine Tochter. Verschrumpelt, schreiend und unglaublich hässlich. Fünf Stunden lang hatte sie sich gewehrt. Verpfropft wie ein hartnäckiger Weinkorken, dann hat sie sich doch getraut, sich ins Leben ergossen. Ich kann es nicht glauben! Mein Kind, mein Fleisch. Mein Blut, meine Gene – ein ergreifendes Gefühl!

„Herzlich Willkommen auf der Erde", sage ich verlegen.

„Ich hoffe dir gefällt es hier und ich wünsche für dich, dass du eine Königin wirst. Ja, eine Königin sollst du werden, wenn du groß bist."

Wenn sie sich normal entwickelt, wird sie größer werden. Wenn wir sie lieben, füttern, waschen und wischen, wird sie ihr Körpergewicht über kurz oder lang verzwanzig- oder gar verdreißigfachen und dazu unproportional dreieinhalb Mal so groß. Sie wird lange Haare bekommen, Zähne und Brüste. Dann ist sie eine Frau. Sie wird lesen und schreiben lernen und dann, wie alle kleinen Mädchen denken, Tierärztin. Sie wird laufen und fallen und wieder aufstehen. Sie wird leben, lieben, trauern und Angst haben. Sie wird lachen und weinen, hoffen und hassen, lügen und die Wahrheit sagen und irgendwann auf ein dummes Arschloch hereinfallen, das sie vögelt.

Dann wird es ihr gefallen und sie wird es wieder und wieder tun und schließlich den Kreis schließen und ein Kind zur Welt bringen. Das ist der Lauf der Dinge. Dazwischen eingebettet, fiebrig warm und präsent, liegt das Leid und die Arbeit.

„Das Leid des Arbeitens, und drum wünsch ich dir, dass du eine Königin wirst und keine Arbeiterdrohne. Weißt du, regieren ist mindestens so viel Arbeit wie delegieren, aber herrschen ist besser, als beherrscht zu werden", sage ich in ihre schwarzen Augen, die mich in unerklärlicher Weise fixieren.

„Weißt du, ich will ja nur das Beste für dich. Ich möchte, dass du dein Leben bestimmen kannst, dass du leben kannst und nicht vegetieren musst. Und deshalb, wirklich nur deshalb, hab ich dich dem stolzen König der Rajputen versprochen. Keine Angst, ich war dort, im Nordwesten Indiens, und er ist sympathisch. Ein netter, alter Sack. Du wirst noch etwas Zeit haben, aber ich hoffe, dass du das Angebot annimmst. Diese einmalige Chance. Dir wird es bestimmt an nichts mangeln, die Drohnen würden dich hofieren, du könntest dich aufs Kinderkriegen spezialisieren und Könige gebären. Na, wie klingt das?"
Sie begann zu weinen, aber sie versteht ja noch nichts von dieser Welt. Sie ist noch klein und muss wachsen.

„Weißt du", versuche ich ihr ins winzige Ohr zu säuseln, „die Mitgift war nicht billig, fünf Jahresgehälter plus deine Mutter und noch dazu musste ich lügen und sagen, ich wäre der König von Mallorca. Also überleg dir gut, was du tust", versuche ich sie einzustimmen, zu überzeugen.
„Aber du bist Papas braves Mädchen, das weiß ich sicher", tätschle ich ihr den Kopf, der unbeholfen zu allen Seiten wegknickt.
„Ich muss jetzt gehen, mein Schatz, weißt du, ich hab heut Nachtschicht, weißt du, ich weiß, wovon ich rede, ich steh am Fließband, markiere Ferritbausteine mit Zahlencodes, für Fernseher, Videorekorder und so'n Zeug. Ich bin eine Drohne, aber immerhin durfte ich mich fortpflanzen. Besser als bei den Ameisen!", lache ich sie an, während sie zurückbrüllt.

Ich habe die Ferrite nicht gezählt, die noch an mir vorbeiflossen, bevor mein Rücken in ähnlicher Art versagte wie meine Psyche und ich in Rente durfte, die ich im Männerwohnheim an der Pestalozzistraße anging. Die fünf Jahresgehälter waren ein herber Verlust und genauso futsch wie meine Frau.

Victoria, so hatten wir die Tochter getauft, war mit dreizehn weggelaufen und mit vierzehn schwanger von einem arbeitslosen Industrieschlosser. Die Schule hatte sie schon mit zwölf abgebrochen. Aber so lernt sie das wirkliche Leben richtig kennen, denke ich bei mir. Im anderen Fall wäre sie eh nur im goldenen Käfig groß geworden und hätte nie das Hinfliegen und wieder Aufstehen gelernt.

Der Elefantenfriedhof

Die Bäume entledigten sich gerade ihrer bunten Blätter und die Äste und Zweige standen genauso in den Himmel, wie die Wurzeln in die Erde. Man könnte Bäume im Herbst oder Winter wohl umdrehen, ohne dass jemand etwas merken würde. Der ganze Tierpark – in dem wir uns gerade befanden – wirkte gefriergetrocknet. Von all den Tieren, die wir passiert und ausgiebig begafft hatten, waren mir die Elefanten am liebsten. Die Paviane hatten rote Ärsche und vergingen sich aneinander, während sie sich das Ungeziefer aus dem Pelz zupften und aßen. Die Flamingos standen nur arrogant und regungslos auf einem Bein und beschielten einen überlegen ob ihrer rosafarbenen Federpracht, ohne zu wissen, dass diese lediglich von Farbstoffen ihrer Nahrung herrührte und sie eigentlich äußerst gewöhnliche Vögel waren, die blöd glotzten und den Kopf verdrehten.

Im Aquarium lagen mundfaule Riesenregenwürmer, schimpften sich Zitteraale, ohne ihrem Namen zu Ehre zu gereichen und die Könige des Tierreichs mit wallenden Kickermatten hingen frisch gefüttert im Rudel auf einem trostlosen Betonblock.

„Papa, will Fanten sehn", befand Laura von meinen Schultern herab die Vertreter dieser Spezies genauso uninteressant wie ich und drängte zum großen Freigehege.

Dort – ein strammer männlicher Geruch eilte ihnen voraus – standen sie, die grauen faltigen Riesen mit ihren wachen, sanften Augen und wirkten im Vergleich zum Rest des hinter Gittern sitzenden Tierreichs wie besonnene Vertreter des Hinduismus. Allein die Körpersprache, dieses Runde in ihren Bewegungen, verlieh ihnen natürliche Würde und das Monumentale ihrer Erscheinung eine Art galanter Präsenz.

Laura teilte diesen Eindruck in stiller kindlicher Bewunderung und hielt ihre angenagte Brezel, die sie mit mir nicht hätte teilen wollen, am ausgestreckten Arm. Bruno hieß der junge Bulle, der auf das verlockende Angebot einging, sich bis an den Rand des Grabens näherte, um seinen so tollpatschig filigranen Rüssel über das Hindernis hinweg sachte um die Brezel zu legen, um sie verschlingen zu können.

Die anderen Dickhäuter, die älter waren, hielten sich lieber zurück. Standen, lagen oder tatschten beiläufig mit ihren teleskopartigen Rüsseln wie ein Blinder mit seinem Stock die Gegend ab. Ihre Augen waren dabei leer und voller Tränen, wie die von zu Gehorsam geschlagenen Kettenhunden.

„Bismarck!", herrschte der Pfleger den Alten mit Theo-Waigel-Brauen und weißen Pigmentflecken an. „Bismarck, du kommst jetzt rein!", schrie er und zerrte nervös an den Ketten, um den Dicken zu bewegen. Aber Bismarck wollte nicht. Er setzte langsam Fuß vor Fuß, stampfte gemächlich voran und drehte sich damit im kleinen Gehege fortwährend im Kreis. Die anhaltenden Schläge des Pflegers interessierten ihn nicht, es wirkte tatsächlich so, als ob der alte Bulle entweder BSE hatte oder eindringlich nach etwas Bestimmtem suchen würde. Vielleicht nach einem Ausweg aus dem Kreislauf, hinein in die Freiheit?

Ich musste unwillkürlich an den berühmten Satz des Staatsmannes Bismarck denken:

„Wenn irgendwo zwischen zwei Mächten ein noch so harmlos aussehender Pakt geschlossen wird, muss man sich sofort fragen, wer hier umgebracht werden soll."

Die Mächte waren hier der Pfleger und der Bulle Bismarck, der Pakt ein fadenscheiniger Kompromiss: Wenn Bismarck spurte und gehorchte, bekam er Fressen und durfte sich im Freigehege im Kreis drehen. „Wenn nicht?", muss man sich sofort fragen.

Bismarck, ganz der Staatsmann und Oberhaupt seiner Herde, schien das klar zu sein. Aber er war alt. Und sein Trieb die Freiheit. Wahrscheinlich nur der Trieb, in Freiheit zu sterben, wie seine wilden Artgenossen, die sich ihrer Intuition folgend von der Herde absondern, um an einem zurückgezogenen Platz zu sterben. Auf einem Elefantenfriedhof. Ich war fasziniert vom mystischen Aspekt und der Tiefgründigkeit einer Elefantenseele, die scheinbar mehr vom Dasein wusste als die ihres vermeintlichen Pflegers.

Laura, die dazu übergegangen war, Bruno mit Löwenzahn zu füttern, den er artig aus ihrer Hand aß, war noch so klein und ich Rabenvater hatte sie an einen Platz der Grausamkeit gebracht.

Bismarck stellte sich nun, trotz Kettengezerres seines Pflegers, vor das im staubigen Schatten lungernde Plenum und erhob den Rüssel. Die Rede hielt er in nasalem Elfantisch, das ich nicht spreche, aber eine gewisse Theatralik und eindringliche Bedeutsamkeit blieb mir nicht verborgen. Als er endete, verbeugte er sich, streichelte Asra, seine Frau, mit dem Rüssel und riss sich von der Kette los. Er kam ganz plötzlich direkt auf uns zu galoppiert, verringerte kurz das Tempo und sprang in einem Hechtsprung kopfüber in den Graben, der ihm, untermalt von berstenden wie dumpfen Geräuschen, das Genick brach.

Nicht einmal Lemminge machen einen Köpper, das war Kamikaze, dachte ich noch bei mir, während ich Laura wieder auf meine Schultern hob und mich Richtung Vogelgehege drehte, bevor sie zu weinen ansetzen konnte.

„So, Laura", sagte ich beschwichtigend, sie sanft wippend, „heute haben wir im Tierpark viel über die Menschen gelernt: Sie haben keine Ahnung, davon aber richtig. Unser Käfig beginnt im Kopf und endet in Stäben. Und weißt du, was Bismarck einmal gesagt hat?

– ‚Wer weiß, wie Gesetze und Würste zustande kommen, der kann nachts nicht mehr ruhig schlafen.'"

Der Mann mit der Lederhose

Mit einem Fehler fing alles an.

Es war kurz vor Oktober, und der Säufer, der ein Stückchen weiter oben an der Bavaria wohnte und jedes Jahr dabei war, erzählte mir, dass sie so ziemlich jeden anstellten. Ich ging also hin, und bevor ich noch recht wusste, was los war, hatte ich diese Lederhose an.

Die anderen waren meist deutlich jünger, äußerst gepflegt und affektiert. Sie beäugten sich und mich argwöhnisch interessiert, als wir uns zurecht machten. Zünftige Blasmusik wogte in Wellen von Zuckerwatteduft, gebrannten Mandeln und anstoßenden Bierkrügen zu uns hinauf und ein hörbar hoher Promillepegel erbrach sich im Hintergrundgeräusch. Ich wartete auf unseren Einsatz, freute mich auf die Wies'n.

„Unter Tracht stelle ich mir was andres vor", beschwerte ich mich, schnallte aber den Nietengürtel enger, der meine körperbetonende schwarze Lederhose hielt und sie farblich vom roséfarbenen Hemd und der feinen Lederweste absetzte. Dass auf der Rückseite, am Hinterteil, der Ledereinsatz ausgespart blieb und mein nackter Po durchblitzte, störte mich zunächst, doch ich nickte wohlwollend, ob des Geistesblitzes des Erfinders.

„Hey, Jungs, das Kackloch ist ja super beim Saufen! Da hat echt mal wer mitgedacht; aber vorne wär's auch nicht schlecht, da wird's noch mehr laufen", lachte ich verschwörerisch und stemmte meinem Nachbarn kumpelhaft den Ellbogen feinsäuberlich in die Rippen.

Die Jungs entpuppten sich als Mädchen. Sie wirkten pikiert, zeigten kein Interesse an Männerwitzen, verzogen nicht nur keine Miene, sondern geiferten auch noch wie die Waschweiber.

„Das kann ja was werden", rollte ich meinem Nachbarn mit den Augen zu und nahm den Ellbogen wieder aus seinen Rippen. Aber ich werd' es überleben. Schließlich hatte der Säufer gesagt, man könne gutes Geld verdienen. Gutes Geld, und das noch auf der Wies'n.

Also warteten wir weiter. Meine Augen schweiften umher. Sie suchten den Säufer, um zu fragen, wann es denn endlich losgehe. Außerdem wartete ich auf Instruktionen, schließlich wusste ich noch gar nicht, was ich überhaupt genau machen sollte. Der Säufer war nicht zu sehen, nur ein Hüne mit Glatze und struppigem Gauweiler-Schnauzer glotzte wie ein Auto.

Ich stellte meinen Blick auf Fernlicht, aber anstatt ihn zu blenden kam er auch noch her.

„Na, wie viel?", hauchte er mich an.

„Kurz nach drei", entgegnete ich, während mein Nachbar Hand in Hand mit einem dahergelaufenen Passanten ins Gebüsch verschwand.

Mir wurde das alles zu blöd. Ich hatte keine Lust, weiter zu warten und schlenderte alleine die Treppen runter, zu den Schaustellbuden, nach links in die Bierstraße. Ich wurde begafft, man schmunzelte und lachte. Man zeigte mit dem Finger auf mich, das Loch und meine Hose, als ich schließlich den Säufer sah. Dort lag er, am Stehausschank mit einer frischen Maß und bepisste sich, als er mich sah. Ein scharlachroter Kopf und Zähne, wie halbversunkene, bemooste Grabsteine. Auch Ditchie und Chaos-Conny waren dabei, mit der ich morgen verreisen wollte. Es brach aus ihnen heraus, in Pfützen.

Auf einmal wurde mir alles klar. Wie kann man nur so blöd sein. Mein Ruf war ruiniert. Das gab ich auch der Bedienung zu verstehen, orderte die Maß im Doppelpack.

„Des is a moi a Tracht", grinste der Säufer.

„A Tracht Prügel kannst ham!"

Fast hatte ich die Schmach schon ersoffen, in Seen von Bier und Sturzbächen an Korn. Ich machte mich wieder auf den

Weg, mit ehrlichem Vollrausch und umnebelt von Bierdunst
– also der Bayernfahne – begab ich mich in Schieflage Richtung Schwanthaler Höhe. Da brauchte mich hier keiner mehr
anmachen, mir blöd kommen, das schwöre ich. Beim nächsten Kommentar fällt der Watschnbaum um, da brennt's im
G'sicht, da wird einfach betoniert.

Schon bei den Worten „Sie sehen mir nicht mehr verkehrs-
tüchtig aus, der Herr", ballte sich meine Rechte in der Ho-
sentasche. „Bitte kommen's a Mal mit hier rüber. Können Sie
hier noch auf dem Strich gehen oder wolln's gleich freiwillig
blasen?"

Als Linksausleger bereitete ich den Schlag gekonnt vor, zog
trotz Balanceproblemen den rechten Haken direkt ans Kinn
und den in der Schlagkombination folgenden linken Schwin-
ger direkt in die Magengrube.

„Fick dich selber!", war das letzte, an das ich mich noch erin-
nerte, bevor ich tags darauf in der Ettstraße erwachte.

Mit Chaos-Conny nach Kuala Lumpur

Ich erwartete sie bereits am Rollfeld, denn zu spät war sie immer. Ich atmete derweilen Kerosin, das die Luftschichten flirren ließ und mir suggerierte, ich stünde in einer Fata Morgana. Die Triebwerke zermahlten meine Gedanken zur Unkenntlichkeit und überzogen mein Gesicht von Zeit zu Zeit mit warmen Wolken technischer Arroganz.

Schließlich kam sie doch in einer Art Galopp herangeprescht und streifte mir zügellos einen verschwörerischen Kuss auf die Nase. Ihre Augen strahlten und mit ihren emotionalen Bauchentscheidungen ging sie schwanger an Bedeutung.

„Sorry, die Bombendrohung ist von mir, aber anders hätt ich's nich mehr rechtzeitig geschafft. Meine Zeit war eingefroren und als der Raum sich weiter dehnte, holte er sich dabei eine schmerzhafte Zerrung."

Meine Conny. Ich freute mich auf die gemeinsamen Tage.

Der Flieger flog und wir mit ihm durch eine von einem struppigen Windhund zusammengetriebene Herde Schäfchenwolken, bevor wir die Datumsgrenze passierten und gestern wieder heute war.

„Du Ron, glaubst du nicht auch, dass der dreidimensionale Raum die Imagination einer Bewegung ist, die bei einer Zeitachse, die lang genug ist, konstant gegen Null läuft und daran zerbricht?", fragte sie mich aus großen hellgrünen Augen, wie ein Kind, das wissen wollte, wo Gott wohnt und wie er denn so aussieht.

„Kinder fragen nicht, wo sie herkommen", erwiderte sie angewidert, „sie wissen es noch. Aber kannst du mir sagen, wie viel eine Wolke wiegt?"

Gestern war also wieder heute und Conny erzählte, dass es eh irrelevant, weil relativ sei. Relativ egal.

„Denn wenn gestern heute wäre, was wäre dann morgen mit heute? Es wäre wieder gestern, obwohl wir sagen würden, was interessiert mich mein Geschwätz von gestern, was ja eigentlich vorgestern war. Das Gestern ist doch immer nur das Heute von morgen. Könnte man die Zeit anhalten, wie lang stünde sie dann still?" Ich wusste es nicht. Aber vermutlich nur so lange, bis ihr jemand einen Klaps geben würde.

Wir flogen weiter – als ob es das Normalste der Welt sei – in einem rauschenden Metallbehälter durch die Nacht, die Sonne hinter und der Sichelmond vor uns, bis wir die Erdkruste halb umrundet hatten und die Sichel sich im Sinkflug auf Kuala Lumpur gekonnt in die gehisste Flagge Malaysias stemmte. „Die Welt ist eine Frau", behauptete Conny mit zusammengekniffenen Augen, die herannahende Erde betrachtend. „Sie ist unberechenbar und dennoch verführerisch, hat ein sonniges Gemüt und ist nah am Wasser gebaut. Sie dreht sich um sich selbst und macht dabei eine gute Figur, während man sie erforschen und verstehen will gibt sie immer neue Rätsel auf."

„Ja sicher, Conny, man will ihre Gipfel stürmen und das Tal der Könige entdecken, sie umarmen, beackern und auf jeden Fall seinen claim abstecken", gab ich ihr Recht.

Wir dockten im Hafen an und stellten uns so schnell wie möglich in die überfüllten Gänge, um den Ausgang zu versperren. „Die ständige Rotation wirkt auf den Kopf", klagte die noch sinnierende Conny. „Denn unser Gehirn schwimmt ja nur, ohne dabei zu ertrinken und wird bei zu vielen Umdrehungen bewusstlos. Ob unser Gehirn wohl in Resten von Ursuppe schwimmt? Hat das mal jemand untersucht? – Lässt du mich mal durch? Bin gleich zurück."

„Wo willst du denn hin?", fragte ich sie.

„Wenn du mich suchst, ich halte mich nur in der Nähe des Wahnsinns auf und bin gleich wieder bei dir."

„Nur der Wahn macht noch Sinn. Alles andere ist maßlose Selbstüberschätzung", murmelte ich in meinen Bart, der zurechtgestutzt gehörte.

Gepäck hatten wir keins und drum holten wir uns noch im Flughafen malaysische Noten, um die Eingeborenen damit zum Singen zu bringen. Zwei neue Unisex-Overalls waren dann nach mehreren Stunden ausgehandelt, der Verkäufer pfiff auf dem letzten Loch und wir uns zwei Molotows in der Jibee-Bar.

„Mann, sind die hier billig gestrickt ...", hauchte Chaos-Conny mit Benzin im Atem, während sie sich in ihre Robe zwängte.

„Alles aus Laufmaschen und Seemannsgarn, gänzlich ohne roten Faden. Ich fühl mich wie ein Kartoffelsack, in dem der Sinn schweigend auf seine Entkleidung wartet."

„Jaah", zog ich mir lüstern enge Sätze über den Kopf, schlüpfte in sie, in der Hoffnung, sie würden passen: „Jaah, der Sinn sollte endlich mal rauskommen, Conny. Es ist hier eh zu warm für Kartoffelsäcke ...", sagte ich zweischneidig und schnürte den Satz scheinbar beiläufig an der Taille.

Bevor es zu heiß wurde fragte ich Conny, die gerade wieder freudig hüpfend von der Toilette zurückkehrte: „Was machen wir denn hier eigentlich in Kuala Lumpur?"

„Na, hier wachsen doch die Koala-Beeren. Ich möchte welche pflücken, für Marmelade." Meine Conny.

„Nein, Conny, die Koalas lieben Eukalyptus und leben in Australien. In Kuala Lumpur gibt's die nicht."

„Jetzt ist es mit mir und Malaysia wie mit 'nem Astronauten und der Schwerelosigkeit: Die Anziehungskraft ging verloren. Ich will nach Australien!"

Wir taumelten frisch betankt und safety-instructed aus der Jibee-Bar, die Noten waren bei Schlangenbeschwörern und fliegenden Händlern flöten gegangen und wir bereit, ihnen zu folgen.

„Bitte bringen Sie die Sitze in eine aufrechte Position, schnallen Sie sich an und stellen Sie das Rauchen ein." Wir starten durch nach Australien.

Der Flieger flog und wir mit ihm durch eine von einem struppigen Windhund zusammengetriebene Herde Schäfchenwolken. Zeit war ja relativ und so stürmten wir erneut gen Himmel, passierten die Datumsgrenze und flogen zurück dorthin, wo gestern aus gestern wieder heute geworden war, wobei heute sozusagen morgen ist und demnach morgen zu heute, also eigentlich gestern wird. Der Unterschied zwischen Vergangenheit, Gegenwart und Zukunft ist eine Illusion, wenn auch eine hartnäckige.

„Wenn die Zeit einfriert, sollte man darauf achten, dass der Raum sich nicht zerrt. Denn wenn träge Masse beschleunigt wird, taut das Bewusstsein und der Wille beginnt zu glimmen. Er darf nur nicht verglühen, um nicht in die Ursuppe zu stürzen", meinte Conny und kuschelte sich in meine fleischigen Arme.

Von der Erfindung des Einweg-Teenies

Lokale Bestimmung und sachliche Beschreibung des Labors sind schnell erledigt: mitten im Regierungszentrum, unten, in den Katakomben, ein kühler Raum mit hohen Decken, der verzweifelt an Gemütlichkeit laboriert, diese manifeste Verzweiflung aber in perfekter Zweckmäßigkeit kaschiert: eine Fülle an Reagenzgläsern, Bunsenbrennern, Versuchskästen, Pipetten und Petrischalen, Inspiration und Vorgaben. Es riecht stark nach gebohnertem Linoleumboden und auch ein bisschen nach Verschwörung. Das Symposium des Professors haben die Planungsstrategen lange herbeigesehnt, auch wenn es, wie meistens, mit selbstgefälligen Reden eingeläutet würde, bevor der geheimnisträchtige Wicht endlich daran denken würde, mit den Ergebnissen herauszurücken.

Noch übte sich das geladene Auditorium in schmalen Gesprächen, zeitlich abgestimmtem Kopfnicken und, punktuell eingesetzt, in affektiertem Gelächter. Doch schnell war der Schampus alle und der Hörsaal voll.

„Der Gedanke des Recycling kommt bestimmt von der aztekischen Schlange ...", eröffnete Professor Klingbeil, eine bekennende Rampensau, betont nasal und blickte ins Auditorium wie ein Rockstar auf die Meute zu seinen Füßen. „... diese etwas quadratische, unbeholfen wirkende Schlange mit den großen Augen, die sich mit ihren großen Zähnen selbst in den Schwanz beißt, ist die Mutter des Recycling", stellte Klingbeil kühn fest und tat wie alle großen Redner so, als gebe es keinen Platz für Zweifel.

„Die Azteken hatten wohl noch kein Plastik, keinen Müll, den sie wieder in den Kreislauf führen wollten, nein, nein ...", stellte Klingbeil klar, wobei er den Mikroständer gegen seine Brust stemmte und inbrünstig in selbigen, von seinen

Händen wie eine zu erwürgende Gans umschlungen, hineinschrie:

„... sie hatten wohl auch keine quadratischen Schlangen, aber diese weitsichtigen, mit der Natur im Einklang lebenden Menschen dachten schon damals: >what comes around, goes around<.
Und sie prägten auch den Slogan, den viel später ein griechischer Nachwuchs-Philosoph sein Eigen nannte:

,Ein Ding ist vollkommen, solange es seinen Zweck erfüllt.'

Könnte der Kapitalismus rückwirkend Leben auslöschen, er wäre im Großeinsatz ausgerückt. Man hätte diesen unverantwortlichen Lackel zur Verantwortung gezogen und den unter marktwirtschaftlichen Gesichtspunkten fehlerbehafteten Ausspruch samt seines niederträchtigen Erfinders in Luft aufgelöst."
Alle nickten von brav bis gerührt, nicht aber, wie der Professor in Genugtuung annahm, weil ihm Recht gegeben wurde, sondern lediglich, um das Tempo seines Redeflusses zu beeinflussen, oder ihn wenigstens nicht weiter unnötig aufzuhalten.

„Nicht, dass ich etwas gegen Recycling hätte, nein, nein. Im Gegenteil. Aber ich habe etwas gegen den Vorwand und das Vorhaben, die Welt in ihrem Erscheinungsbild fortwährend und beständig erneuern zu wollen. Ich habe etwas gegen übertriebenen Aktionismus und den heraufbeschworenen Zwang, andauerndes Wachstum zu generieren. Und gegen die von uns neuen Menschen ausgeklügelte Idee, alles Alte wäre schlecht, rückständig, unvollkommen und die Bedingung der Möglichkeit für Neues sei die Zerstörung des Alten. Wir schaffen Wachstum durch eine Art der Zerstörung, die wir Recycling nennen, um den systemimmanenten Konsum des Kapitalismus zu fördern."

Der Professor schritt zur Erklärung: „Alte Gebäude werden abgerissen, ihr Innenleben von der Seele befreit und wertvolle Rohstoffe recycelt, damit neue, ästhetikfreie Klötze ungeniert in den Himmel ragen können.

Alte Autos werden zerlegt und zu neuen. Airbags, ABS, Traktionskontrolle und Navigationssystem finden ihren fortschrittlichen, mit Heizung und Massagefunktion versehenen Platz im Wurzelholz-Cockpit, deren neugewonnene Sicherheit durch erhöhtes Drehmoment, bessere Beschleunigung und mehr PS adäquat ausgeglichen werden." – Die von Klingbeil erzwungene Pause, die er in seinem Mitschrieb mit „Pause für Lacher" gekennzeichnet hatte, blieb zwar, jedoch ungenutzt. Das Auditorium war schon jetzt genervt, der Professor unnachgiebig.

„Recycling ist also verkappte Zerstörung, um Neues zu bedingen. Man muss schließlich dem Wachstum Rechnung tragen, und unser System muss beständig wachsen, ob es geht oder nicht, um zu funktionieren. Das ist, meine Damen und Herren, zweifelsfrei ein Dilemma, in das wir uns da verstrickt haben, und dieses Dilemma muss gelöst werden! Deswegen haben wir uns heute auch zusammengefunden, um erste Forschungsergebnisse zu diskutieren und den Stand des Projektes zu verifizieren. Die Erfindung des Einweg-Teenies war bahnbrechend, die Serienreife steht noch aus, aber ich bin stolz, Ihnen hiermit den ersten Prototypen präsentieren zu können."

Demonstrativ ließ der Professor seine Arme sinken, das Mikro fiel schlaff zu Boden, fiepte und hallte noch kurz, doch die Gans war tot. Klingbeil blickte wie ein Seher, der erblinden würde, in die Scheinwerfer, während Frau Dr. Dr. Rindsköttel nun exakt zum Abgesang ihres Chefs das neben ihr stehende Geheimnis lüftete.

Zum Vorschein kam ein aus Reagenzgläsern, Bunsenbrennern, Versuchskästen, Pipetten und Petrischalen, Inspiration und

Vorgaben zusammengekratztes Wesen, das aus einer Backmischung geheimster Formulatur entstieg, dreizehn Jahre alt war und bis zum vollendeten neunzehnten Lebensjahr aggressivsten Konsum verüben sollte. Der purste Einweg-Teenie, ausgestattet mit multipler Gier, unersättlichem, nicht definierbarem Verlangen, luxusabhängig, der Blutrausch wurde zum Kaufrausch umgepolt, verschwenderisch, manisch kaufsüchtig, nie zufrieden, immer anschlussfähig für Spontankäufe aller Art, von dreizehn bis neunzehn beständig wachsend, um so beiläufig den Konsum von Kleidung weiter ins Unermessliche zu dehnen.

Professor Klingbeil schien zufrieden. Mit sich, seinem Kalkül, seiner Erfindung, und war konzentriert darauf bedacht, keine Luft zu lassen, nicht den winzigsten Raum für Zwischenfragen darzubieten.

„Aber, aber, nein, nein, noch viel mehr. Nicht nur der exzessive Konsum ist uns, wie sie hier dem wissenschaftlichen Faltblatt über eine voll biotische Laborsituation entnehmen können, gelungen, sondern auch das Ableben des vorgeführten ConceptTeens. Das ConceptTeen wird so geschickt in eine sich beständig enger schnürende Konsumspirale verwickelt, die seine immanenten Wünsche nicht im Entferntesten befriedigen kann, sodass, alsbald 19 Jahre alt, das Ende der Spirale letztlich nur ein suizidales sein kann."

Sichtlich von sich beeindruckt fügte Klingbeil in einer gönnerhaften Pose an, die er zu Hause vor dem Spiegel geübt hatte: „... so hätten wir sieben Jahre aggressivsten Konsum generiert, der sich am Ende auch noch selbst entsorgt, quasi wie beim Recycling. Die Rohstoffe werden dann wieder zusammengekratzt und neu verwurstet.

Die weiteren Probleme, sprich: das Implementieren von Einweg-Teenies in die Gesellschaft, sprich: in die Familien, sind die des Marketings. Hierzu können wir jedoch auch erste Richtlinien zur Implementierung anbieten, die wir mit unseren Organisationspsychologen vom Institut anhand eines Quadrantenmodells in einer Portfolio-Analyse erörtert haben. Demnach haben wir in Großstädten einen Singleanteil von bis zu 50 Prozent und einen Anteil von verheirateten Paaren ohne Kinder von bis zu 38 Prozent. Genau diese Personen sollten unsere primäre Zielgruppe sein. Ihnen müssen wir die Einweg-Teenies im Sinne von Tamagotchis ans Bein schrauben, um dadurch das erwünschte Wachstum für die nächsten sieben Jahre zu erzielen. Von 13 bis 19, sieben Jahre sind ein überschaubares Zeitfenster, das sich im Anschluss bequem schließen lässt."

Der Beifall steigerte sich sachte wie der Bolero Ravels; es dauerte etwas, revolutionäre Ideen in die geistigen Gedenktafeln von Entscheidungsträgern zu meißeln. Schließlich befand man den Prototypen als einzigartigen Erfolg und Prof. Dr. Hinz samt Gattin wollten natürlich die Ersten sein, die ihn besitzen konnten.

Hektisch, ja geradezu überschäumend vor Begeisterung, die Erste mit Einweg-Teenie zu sein, wählte sich Frau Hinz – geil wie ein ausgehungerter Nacktmull nach Maniokwurzeln – durch ihr Telefonbuch, um alle Bekannten zu fragen, ob sie auch schon ein ConceptTeen hätten.

– „Was!? Wirklich nicht!? Es ist sooo praktisch und knuffig und intelligent. Es mag nur die besten Sachen und ist so vielseitig interessiert. Das neue ConceptTeen hat wirklich meinen Alltag belebt. Ich verstehe gar nicht, dass ihr noch keines habt!"
Auf werbisch nennt man Frau Hinz >opinion leader<.

Die Bestellliste war schnell voll, die Augen des Dekans sprachen schon von Massenproduktion und Professor Klingbeil bereits von seinen neuesten Forschungen über eine Wegwerfgesellschaft, die sich selbst entsorgt.

Finnegan's Lounge

Wenn ich mit dem Aufzug in unserem Haus nach unten fahre, die Tür öffne und hinaustrete, stehe ich auf einer Hauptverkehrsstraße. Dort geht auf einmal alles ganz schnell: Autokorsos fliegen dröhnend und hupend vorbei, Menschen wuseln von A über C nach B. Leuchtreklame strahlt in blendendem Schimmer den Takt dazu, während asphaltierte Bahnen – flankiert von alles überschattenden Hochhäusern – das Gefühl vermitteln, man wäre auf einer schiefen Ebene.

Oft, gerade wenn mir langweilig ist, genieße ich dieses Treiben. Ich fühle mich dabei lebendig.

Die Haustür fällt dann ins Schloss, ich fließe dahin mit dem Strom, rolle los wie eine Kugel, die beschleunigt, aber komme schließlich doch immer wieder vor meiner Tür zu stehen. Manchmal verlasse ich aber auch das Haus und habe nur ein Ziel: Finnegan's Lounge. Die Lounge liegt gleich um die Ecke, zwischen dem Amusement Center und dem Brainwash, wo ich meine Wäsche mache. Sie ist der einzige Ort im Universum, den die Zeit nicht im Wettlauf erobert hat. Ein Laden, der sich so geschickt in eine Nische unserer Häuserzeile zwängt, dass alle Geschwindigkeit an ihm vorbeihuscht.

In dieser Oase der Ruhe existiert eine andere Wirklichkeit. Hier sitzt Lou hinter einem Tresen aus gestapelten Büchern, die sich wiederum auf vergilbte Bücher, Zeitschriften und lose Blätter stützen und sich oben ausladend zu einer Ablage verdichten, ohne in sich zusammenzufallen. Ein statisches Phänomen.

„Ich exportiere die Reminiszenz an die Weltseele", pflegt Lou zu sagen, von hinter dem Tresen, mit eigentümlich seitwärts gerichteter Kopfhaltung. Dass er damit viele Leute vor den Kopf stößt, scheint ihn nicht zu stören. Auch ich runzele das erste Mal die Stirn und nachdem mir meine Gedanken eine

Einverständniserklärung mit der mir dargebrachten Aussage verwehren, ergebe ich mich in gefälligem Gelächter.

Lou Finnegan kauert dann weiterhin nur hinter Stapeln vergilbter Seiten, als ob er sicher sei, man müsse kapieren.

Na ja, es ist nichts Außergewöhnliches in dieser Lounge – genaugenommen überhaupt nichts.

Krampfhaft und hektisch suchen meine Augen die Wände nach Gemälden, Regale nach Büchern und CDs ab. Ich suche überhaupt Regale. Ich suche Krusch, Krimskrams, Second-Hand-Klamotten. Ich versuche Kaffee zu riechen, klimperndes Besteck zu hören, irgendetwas zu tasten. Nichts. Nichts Materielles, nichts, was Aufschluss über den formulierten Slogan geben könnte. Nichts, was ich einfach nur kaufen könnte.

So stehe ich noch eine Weile. Dann noch mal eine Viertelstunde. Ich gehe und zahle, weil es nichts zu kaufen gibt.

Als ich dann, nach dem ersten Mal wieder auf die Straße trete, erkenne ich wohl meine Unzulänglichkeit. Finnegan hat meine Berechenbarkeit durchschaut, mir meine manipulierte Erscheinung vor Augen geführt, die Ironie als Stilmittel eingesetzt.

Beim zweiten Eintritt in die Lounge nickt Lou wohlwollend, man fühlt sich geehrt. Man erkennt die radikale Entgegnung zum Sein.

Fasziniert von Lou Finnegans Umgang mit der Sinnfreiheit der Existenz, zahle ich noch immer, weil es nichts zu kaufen gibt.

Als wir als Tiger lossprangen,
um als Bettvorleger zu landen

>Es ist noch kein Projektil erfunden, das ein Ideal töten kann<, war der Werbeslogan Omar Torrijos in den Achtzigern, angebracht auf Plakaten, unter seinen charismatischen Augen, seinem ehrlich lächelnden Mund.

Er hat die Wahl gewonnen, wurde der idealistischste Präsident, den Panama je gesehen hat und legte sich gleich mit den Amis an.

Dass dies seine Lebenslinie auf einer gedachten Zeitachse rapide gegen Null gehen lassen würde, war ihm sicherlich bewusst. Der Mann hatte Ideale und keine Angst. Er wollte Träume und Zukunft schaffen, für alle, hatte Visionen eines Kusses. Visionen des Kusses, der einen glitschig schrumpligen Frosch, nämlich unsere Welt, in einen Edelmann verwandelt. Kein gefräßiges, blökendes Gehopse mehr, seine Arbeit war wie Rückenwind, eine Rückgratspende, um aufrechtes Gehen zu ermöglichen. Er hat für ein altruistisches Prinzip und gegen die Korporatokratie gekämpft, stieg furchtlos in das falsche Flugzeug, wie Roldos in den falschen Hubschrauber, den die CIA hochgehen ließ.

Die Geschichte Lateinamerikas ist hier nur ein Beispiel, und es wimmelt von ermordeten Helden: Torrijos, Allende, Ché, Roldos, Arbenz. Beim mexikanischen Subcommandante Marcos ist man sich nicht sicher, der Venezolaner Chavez sollte schon einmal seine Hubschrauber kontrollieren ...

Die Ideale sind geblieben. Sie sind Visionen geblieben.

Auch wir hatten sie. Für uns. Helden und Visionen. Sie machten uns stark. Wir waren Tiger. Bereit zu kämpfen. Wir waren an den steinigen, scharfkantigen Seiten der Existenz interessiert, an denen man sich wehtun und schneiden konnte. Wir standen auf Heilung. Wir wollten alles hinterfragen, Zusammenhänge verstehen, wir dürsteten nach Wissen und wären beinahe in Informationen ertrunken. Wir wollten einen Fluss erzeugen, ehrlich sollte er sein, über die Ufer treten, nicht gestaut werden, fruchtbaren Sand anschwemmen, den harten Stein schleifen, ihn stetig höhlen. Der Stein sollte ins Tal poltern, krachend im Nichts einschlagen, es pulverisieren, einen spektralfarbenen Frühnebel erzeugen, auf den schönes Wetter folgt. Wir waren auf der Suche nach Gerechtigkeit, dem Antidot für Nihilismus, Wahrheit und Magie. Wir sind losgesprungen wie die Tiger, in einem freudigen Satz, lebendig, voller Energie. Wurden Ökoterroristen, verübten Stinkbombenanschläge [am besten eignet sich hierfür Buttersäure]; die Konzerne sollten genauso stinken wie ihre Lügen. Wir haben getaggd und gesprayt, bildeten Lichterketten, blockierten Atomkraftwerke und Castortransporte, wurden Greenpeace-Aktivisten, wollten in die Politik, mochten aber keine Menschenaufläufe und hassten Gelaber.

Die Welt als das Banalisierte war doch Heuchelei im Sinne einer über Nacht eingelegten Weizenkleie, die schleimig runtergeht, falls man sie isst, aber außer Ballaststoffen keinen Nährwert hat. Der richtige Riecher war gefragt, seine Antwort ein Geschenk. Wir waren dankbar und hoffnungsvoll. Dankbar, hoffnungsvoll zu sein.

Eigene Meinungen zu haben, wurde zunehmend schwieriger. Anstrengend, erschöpfend, hinderlich. Wir sind jetzt gealterte Tiger, mit faulen Zähnen, die nichts mehr reißen, schnurren dafür, dass man uns vorgekautes Futter gibt, das nicht schmeckt, aber noch am Leben hält.

Der einzige Tiger, den ich kenne, der nicht altert, ist der von Esso.

Schließlich haben wir uns doch dazu entschlossen, unsere Ideale zu töten und ein Projektil zu bauen. Ein großes, aus

Silber. Wir selbst waren es, wir brauchten keine Geheimdienste. Wir haben uns ein hübsches Projektil gebaut, wir selbst. Haben es abgeschossen und uns mit all den Idealen erlegt.

Das Fell haben wir, wie es sich gehört, erst zerteilt, als der Tiger in uns erlegt war. Wir haben uns das Fell über die Ohren gezogen, um wenigstens eine Trophäe, eine schöne Erinnerung zu behalten. Für abends ...

Wir sind nun menschliches Treibgut, funktionieren aber wie Computer, sind endlich getaktet. Mit Betriebssystem, als strukturierte Recheneinheit.
Fahren uns morgens hoch, in MS-DOS, haben in der Arbeit eine praktikable Benutzeroberfläche, für den Notfall, den Systemabsturz, ein Backup, für gedankliche Sabotageversuche einen Virenschutz. Abends fahren wir uns wieder runter oder auf Standby, um morgen wieder neu zu starten.
Abends, bevor wir zu Bett gehen, stolpern wir manchmal über das Fell, den Läufer, unseren Bettvorleger und freuen uns ob der abenteuerlichen Erinnerung und der Genugtuung, mal wilde Tiger gewesen zu sein.

Stalingrad

Brief eines aufgrund von Gedächtnisverlust Namenlosen an alle.

In meinem Kopf ist Stalingrad. 1943 – Russlandfeldzug. Mein an den Tag gelegtes Verhalten ist Wehrmacht. Ich wehr mich, mit aller Macht. Und doch liege ich, die Nasenlöcher gebläht, seitlich auf meinem bereits stumpfen Spiegelbild, sauge mit aller Macht weißen feinen Staub. – Fast bis zum Rohrkrepieren. – Ich gehe in Gefechtsstellung. Maschinengewehrsalven in meiner Nase werden von tinnitösem Fiepen in meinem Ohr begleitet, das sich verdichtet, bis eine Bombe im zentralen Nervensystem einschlägt. Die Detonation ist gewaltig. Drückt mir fast die Augen aus dem Schädel und Spektralfarben auf. Die Nase beginnt zu laufen. Rotes Blut tropft auf weißen Schnee. Es wird Winter in Stalingrad und kalt. Ich betrachte mich im milchigen Spiegel. Durch das auftriefende Blut, das in die kleinen weißen Brocken dringt, wie Wasser in einen Schwamm, sehe ich aus wie ein Kollateralschaden. Einige Handgranaten zerfetzen nun erste Synapsenstellungen in vorderster Front.
Ich ziehe die Nase hoch, bis ins Gehirn, und sorge so für Nachschub, der ein Basislager im Stammhirn schafft.
Jetzt bringe ich den linken Flügel ins Spiel, inhaliere beißendes Gras, das linken wie rechten Flügel übertölpelt und indirekt über die Blutbahn unaufhaltsam nach Stalingrad vordringt. – Ein genialer Zug! Die Lunge wehrt sich zwar mit aller Macht, aber noch bevor sie mir zum Hals raushängt, schlägt eine Boden-Luft-Rakete in meine über mir schwebenden Gedanken, holt mich auf den nicht vorhandenen Boden der Tatsachen, wirft mich vornüberkrachend zurück. Zwei E-Bomben treffen just in diesem Moment den Magen. Ich mache mir nichts vor, sie werden in zehn Minuten Stalingrad erreichen.

Das Prinzip >Verbrannte Erde< verinnerlichend, setze ich erneut auf weißes Pulver, denke an Napalm. Ich liebe den Geruch von Napalm am Morgen. Die Apokalypse, jetzt. Die Erschütterungen sind enorm. Moto-Cortex sowie wichtige Brückenköpfe und versteckte Stellungen bei Hypothalamus ergeben sich freiwillig, laufen über. Ich bestrafe die Verräter, lasse das Stammhirn flächendeckend einnebeln, mit Äther.

In kausalem Zusammenhang dazu müssen erste Ausfallerscheinungen und Funktionsstörungen an der Ostfront vermeldet werden.

Unkoordiniert hebe ich den linken Arm, rufe nach dem Feld-Sanitäter, aber die Schlacht wird zu erbittert geführt, als dass mich jemand hören könnte. Stattdessen gerate ich auch noch in „friendly fire", werde mit Heroin beschossen. Ich sehne mich nach einem Lazarett, nach schmerzstillenden Mitteln wie Morphium.

Nach und nach werden weitere Stellungen aufgegeben. Restliche verbleibende Zellen und kleinere Verbände ziehen sich weiter zurück, verschanzen sich in Gedankenruinen. Ich fühle mich ausgebombt, zerschossen, wie ein Trümmerhirn.

Alle Zellen, zu denen noch Funkkontakt besteht, sind auf dem Rückmarsch. Die angekündigte Verstärkung unter General Zirbelanhang steckt fest. Die operierenden Zellen sind vom Nachschub abgeschnitten.

Mir bleibt keine Wahl. Ich verteile Amphetamine. Die marode Moral der verbleibenden Kameraden ließ zu wünschen übrig, musste aufgehellt werden. Die Lage schien ernst. Das restliche Gehirn war eingekesselt.

Die von mir eingeleitete Maßnahme zur Stimmungsaufhellung schlug fehl. Die verbliebenen Spezialeinheiten, graue Zellen genannt, werden mehr als euphorisch, sie ticken aus, ziehen sich weiter zurück, begehen kollektiven Selbstmord.

Das Resultat ist Eiseskälte, erfrorene Gehirnlappen, seelisches Hungern, Erbrechen und ein unerklärliches Verlangen nach dem Endsieg. Frustriert lege ich nach. Ein deutsches Gehirn ergibt sich nicht. Wir machen keine Gefangenen, sind treu bis in den Tod.

Schlaff sinkt mein Kopf auf den Spiegel. Ich rutsche vom Stuhl. Ich bin gefallen! Die Rote Armee läuft – durch Nase und Mund, bildet eine beeindruckende Formation und hat mich umzingelt.

Stalingrad wurde in diesem exzessiv geführten Feldzug zu etwa 9/10 zerstört und bis auf den Grundwortschatz niedergebrannt. Lediglich die Generäle Zirbelanhang und Kleinhirn konnten in letzter Sekunde ausgeflogen werden. Der Wiederaufbau und die Restaurierung historischer Teile dauert an und mündet in die Schizophrenie des Schicksals, dass das in Wolgograd umbenannte Gehirn nie wieder zu alter Blüte gereichen würde.

Dank

*Einen herzzerreißenden Dank an Ino Manés,
James Devereux, Wurschtel, Philipp, Katharina, Tuncay,
meine Eltern, meine Martini*